受益一生的百科知识

中国地理百科知识

李瑞玲　姜林成　编著

吉林人民出版社

图书在版编目(CIP)数据

中国地理百科知识 / 李瑞玲, 姜林成编著. -- 长春: 吉林人民出版社, 2012.4
(受益一生的百科知识)
ISBN 978-7-206-08756-1

Ⅰ.①中… Ⅱ.①李… ②姜… Ⅲ.①地理－中国－普及读物 Ⅳ.①K92-49

中国版本图书馆CIP数据核字(2012)第071057号

中国地理百科知识
ZHONGGUO DILI BAIKE ZHISHI

编　　著：李瑞玲　姜林成	
责任编辑：李沫薇	封面设计：七　洱

吉林人民出版社出版 发行（长春市人民大街7548号 邮政编码：130022）
印　　刷：永清县晔盛亚胶印有限公司
开　　本：670mm×950mm　　1/16
印　　张：13　　　　　　　　字　　数：220千字
标准书号：ISBN 978-7-206-08756-1
版　　次：2012年7月第1版　　印　　次：2023年6月第3次印刷
定　　价：45.00元

如发现印装质量问题，影响阅读，请与出版社联系调换。

目录 CONTENTS

中国概况

中国	001
中华	002
华夏	002
辽阔疆域	002
疆界邻国	003
中国地形	003
中国气候	003
河流湖泊	004
中国近海	004
渤海	004
黄海	005
东海	005
南海	005
人口民族	006
宗教信仰	006
语言文字	006
沿海开放城市	007
国家计划单列市	007
经济特区	007
特别行政区	008
行政区划	008
北京市	008
天津市	009
上海市	009
重庆市	009
内蒙古自治区	010
宁夏回族自治区	010
西藏自治区	010
新疆维吾尔自治区	011
广西壮族自治区	011
香港特别行政区	011
澳门特别行政区	012
山东省	012
山西省	012
河南省	013
河北省	013

目录 CONTENTS 2

湖南省 ………………………………… 013
湖北省 ………………………………… 014
吉林省 ………………………………… 014
黑龙江省 ……………………………… 015
辽宁省 ………………………………… 015
江西省 ………………………………… 015
云南省 ………………………………… 016
江苏省 ………………………………… 016
福建省 ………………………………… 016
甘肃省 ………………………………… 017
浙江省 ………………………………… 017
安徽省 ………………………………… 018
贵州省 ………………………………… 018
四川省 ………………………………… 018
青海省 ………………………………… 019
陕西省 ………………………………… 019
广东省 ………………………………… 019
海南省 ………………………………… 020
台湾省 ………………………………… 020

人口民族和城市

人种 …………………………………… 021
中国人口 ……………………………… 021
中国人口分布线 ……………………… 022
人口出生率 …………………………… 022
人口死亡率 …………………………… 022
人口自然增长率 ……………………… 023
人口再生产 …………………………… 023
人口爆炸 ……………………………… 023
华侨、华人、华裔 …………………… 024
人口迁移 ……………………………… 024
历史上的三次大迁移 ………………… 024
流动人口 ……………………………… 025
人口日 ………………………………… 025
人口素质 ……………………………… 025
环境人口容量 ………………………… 026
中国人口之最 ………………………… 026
民族 …………………………………… 026

中华民族 ················· 026
民族问题 ················· 027
民族分布 ················· 027
民族政策 ················· 027
民族区域自治 ············· 028
民族融合 ················· 028
民族同化 ················· 028
民俗文化 ················· 029
宗教 ····················· 029
基督教 ··················· 029
伊斯兰教 ················· 030
佛教 ····················· 030
聚落 ····················· 030
乡村、城市与聚落 ········· 031
城市等级 ················· 031
地域结构模式 ············· 031
城乡接合部 ··············· 032
城市规划 ················· 032
城市功能区 ··············· 032
门槛人口 ················· 033
中心地 ··················· 033
城市化 ··················· 033
文化景观 ················· 034
文化区 ··················· 034
文化扩散 ················· 034
文化源地 ················· 034

中国地形

三大阶梯 ················· 035
构造地貌 ················· 035
丹霞地貌 ················· 036
喀斯特地貌 ··············· 036
雅丹地貌 ················· 036
黄土地貌 ················· 037
风成地貌 ················· 037
山与山脉 ················· 037
中国山脉 ················· 038
喜马拉雅山脉 ············· 038

目录 CONTENTS

珠穆朗玛峰…………………038
天山山脉……………………039
阴山山脉……………………039
昆仑山脉……………………039
唐古拉山脉…………………040
冈底斯山脉…………………040
祁连山脉……………………040
横断山脉……………………041
武夷山脉……………………041
梅里雪山……………………041
南迦巴瓦山…………………042
太行山………………………042
秦岭…………………………042
兴安岭………………………043
长白山………………………043
贺兰山………………………044
响沙湾………………………044
泰山…………………………044
华山…………………………045
恒山…………………………045
衡山…………………………045
嵩山…………………………046
黄山…………………………046
庐山…………………………046
齐云山………………………047
龙虎山………………………047
武当山………………………047
青城山………………………048
五台山………………………048
峨眉山………………………048
九华山………………………049
普陀山………………………049
雁荡山………………………049
贡嘎山………………………050
玉山山脉……………………050
阿里山………………………050
火山…………………………051
火山灰………………………051
火山喷发……………………051
镜泊湖火山…………………052

长白山天池火山	052
腾冲火山	052
平原	053
冲积平原	053
冲积扇与洪积扇	053
东北平原	054
华北平原	054
长江中下游平原	054
成都平原	055
宁夏平原	055
河套平原	055
三角洲	056
长江三角洲	056
黄河三角洲	056
珠江三角洲	056
高原	057
青藏高原	057
内蒙古高原	057
黄土高原	058
云贵高原	058
呼伦贝尔草原	058
锡林郭勒草原	059
河西走廊	059
盆地	059
塔里木盆地	060
准噶尔盆地	060
柴达木盆地	060
四川盆地	061
吐鲁番盆地	061
丘陵	062
辽东丘陵	062
山东丘陵	062
东南丘陵	063
岛屿、群岛、半岛	063
台湾岛	063
海南岛	064
崇明岛	064
舟山群岛	064
南海诸岛	065
山东半岛	065

目录 CONTENTS 6

辽东半岛 ·· 065
雷州半岛 ·· 065
海峡 ·· 066
台湾海峡 ·· 066
琼州海峡 ·· 066
渤海海峡 ·· 067
峡谷 ·· 067
雅鲁藏布大峡谷 ··································· 067
长江三峡 ·· 068
金沙江虎跳峡 ······································ 068
太鲁阁大峡谷 ······································ 068
沙漠 ·· 069
塔克拉玛干沙漠 ··································· 069
古尔班通古特沙漠 ······························· 069
巴丹吉林沙漠 ······································ 070

气　候

天气与气候 ·· 071
气象 ·· 071
气候因子 ·· 072
气象灾害 ·· 072
气候类型的判定 ··································· 072
气候类型特例 ······································ 073
热带雨林气候 ······································ 073
热带草原气候 ······································ 073
热带季风气候 ······································ 074
热带沙漠气候 ······································ 074
亚热带季风和季风性湿润气候 ··············· 074
地中海气候 ·· 075
温带海洋性气候 ··································· 075
温带季风气候 ······································ 075
温带大陆性气候 ··································· 076
亚寒带针叶林 ······································ 076
极地气候 ·· 076
高原山地气候 ······································ 077
气压 ·· 077
等压线 ··· 077
气压梯度 ·· 077

气压带	078
地转偏向力	078
高压脊与低压槽	078
气团	079
大气层	079
臭氧层	079
大气对太阳辐射的削弱	080
天气图	080
世界上第一张天气图	080
卫星云图	081
天气系统	081
天气预报	081
穿衣气象指数	082
气温与温度	082
理想温度	082
摄氏度	083
等温线	083
积温与温度带	083
四季的划分	084
气温日变化	084
气温年变化	085
锋	085
锋面气旋	085
热带气旋	086
锋面雨	086
地形雨	087
对流雨	087
降水与人工降水	087
雨和雨级	087
降水量与蒸发量	088
等降水量线	088
湿度	088
干湿地区	089
大气环流	089
热力环流	089
三圈环流	090
季风环流	090
季风	090
信风	091
风和风级	091

目录 CONTENTS 7

季风区与非季风区 …………………………091
气旋与反气旋 ……………………………092
下垫面 ……………………………………092
云 …………………………………………092
云的分类 …………………………………093
雾 …………………………………………093
冻雨和雨凇 ………………………………093
雪 …………………………………………094
雪线 ………………………………………094
霜与霜冻 …………………………………094
雾凇 ………………………………………095
梅雨 ………………………………………095
火烧云 ……………………………………095
虹和霓 ……………………………………096
四大火炉 …………………………………096
中国冷极、热极 …………………………096
中国雨极、旱极 …………………………097
世界气候之最 ……………………………097
中国最早的气象台站 ……………………097

河流湖泊

流域和水系 ………………………………098
海与洋 ……………………………………098
大陆架 ……………………………………099
边缘海 ……………………………………099
内流河 ……………………………………099
外流河 ……………………………………100
坎儿井 ……………………………………100
洋流 ………………………………………100
径流 ………………………………………101
潮汐 ………………………………………101
七大江河 …………………………………101
长江 ………………………………………102
黄河 ………………………………………102
珠江 ………………………………………102
淮河 ………………………………………103
黑龙江 ……………………………………103
怒江 ………………………………………103

金沙江	104
乌苏里江	104
图们江	104
松花江	105
钱塘江	105
汉江	105
湘江	105
澜沧江	106
嘉陵江	106
雅鲁藏布江	106
海河	107
辽河	107
额尔齐斯河	107
塔里木河	108
浊水溪	108
湖泊	108
内流湖与外流湖	109
堰塞湖	109
五大淡水湖	109
鄱阳湖	109
洞庭湖	110
太湖	110
洪泽湖	110
巢湖	111
青海湖	111
镜泊湖	111
大明湖	112
西湖	112
呼伦湖	112
纳木错	112
艾丁湖	113
长白山天池	113
日月潭	113
黄果树瀑布	114
壶口瀑布	114
吊水楼瀑布	114
大龙湫瀑布	115
德天瀑布	115
庐山瀑布	115
济南趵突泉	115

无锡惠山泉	116
杭州虎跑泉	116
镇江中冷泉	116

风景名胜

万里长城	117
故宫	117
秦始皇陵兵马俑	118
平遥古城	118
承德避暑山庄	118
敦煌莫高窟	119
云冈石窟	119
龙门石窟	119
大足石刻	119
苏州园林	120
孔庙、孔林、孔府	120
安阳殷墟	121
丽江古城	121
布达拉宫	121
高句丽王城、王陵及贵族墓葬	121
澳门历史城区	122
开平碉楼与村落	122
福建土楼	122
乐山大佛	123
桂林山水	123
岳阳楼	123
黄鹤楼	124
山海关	124
三星堆遗址	124
神农架自然保护区	125
九寨沟自然保护区	125
西双版纳自然保护区	125
梵净山自然保护区	126
卧龙自然保护区	126
可可西里自然保护区	126
三江源自然保护区	126
阿尔金山自然保护区	127
长白山自然保护区	127

锡林郭勒草原自然保护区 ·················127
盐城自然保护区 ························128
博格达峰自然保护区 ····················128
鼎湖山自然保护区 ······················128
石林地质公园 ··························128
五大连池地质公园 ······················129
雁荡山地质公园 ························129
丹霞山地质公园 ························129
云台山地质公园 ························130
兴文石海地质公园 ······················130
南阳伏牛山地质公园 ····················130
张家界砂岩峰林地质公园 ················131

民俗风情

春节 ·································132
中秋节 ·······························132
端午节 ·······························132
清明节 ·······························133
对歌 ·································133
哭婚 ·································133
抢亲 ·································134
走婚 ·································134
抛绣球 ·······························134
姑娘追 ·······························134
踩月亮 ·······························135
树叶信 ·······························135
满族旗袍 ·····························135
萨满神舞 ·····························135
那达慕 ·······························136
祭敖包 ·······························136
薄饼红枣呈真情 ·······················136
泼水节 ·······························137
火把节 ·······························137
盘王节 ·······························137
厚南节 ·······························138
漆齿与纹身 ···························138
壮族歌圩 ·····························138
目脑纵歌 ·····························139

献哈达 … 139
侗族鼓楼 … 139
傣家竹楼 … 139
东北二人转 … 140
北京四合院 … 140
陕西十大怪 … 140

二十四节气

二十四节气 … 141
七十二候 … 141
节气与中气 … 142
立春 … 142
雨水 … 142
惊蛰 … 142
春分 … 142
清明 … 143
谷雨 … 143
立夏 … 143
小满 … 143
芒种 … 143
夏至 … 143
小暑 … 143
大暑 … 144
立秋 … 144
处暑 … 144
白露 … 144
秋分 … 144
寒露 … 144
霜降 … 144
立冬 … 145
小雪 … 145
大雪 … 145
冬至 … 145
小寒 … 145
大寒 … 145

生产建设

交通运输	146
公路与高速公路	146
铁路隧道	147
铁路	147
磁悬浮列车	147
中国第一条高速公路	148
中国第一条铁路	148
交通枢纽	148
五纵七横	148
中国铁路网	149
青藏铁路	149
京九铁路	149
新亚欧大陆桥	150
航空港	150
港口	150
码头	151
内河航道	151
水利工程	151
都江堰	151
京杭大运河	152
引黄济青工程	152
引滦入津工程	152
南水北调工程	153
秦山核电站	153
长江三峡水利枢纽	153
二滩水电站	154
松花江丰满水电站	154
小浪底水利枢纽	154
三门峡水利枢纽	155
葛洲坝水利枢纽	155
龙羊峡水利枢纽	155
青铜峡水利枢纽	156
西气东输工程	156
西电东送工程	156
三北防护林工程	157
长江中上游防护林工程	157

退耕还林工程……157
填海造地……158
三大产业……158
中国工业基地……158
中关村……159
西部大开发……160
可持续发展……160

资源与能源

资源与能源……161
一次能源与二次能源……161
新能源……162
绿色能源……162
不可再生资源……162
可再生资源……162
水资源……163
水利资源与水力资源……163
土地资源……163
冻土……164
能源资源……164
矿产资源……164
岩石……164
煤炭……165
石油……165
天然气……165
海洋资源……166
海洋渔场……166
动物资源……166
草场资源……167
四大牧区……167
商品性农业生产基地……167
森林资源……168
森林覆盖率……168
旅游资源……168
气候资源……169
核电站……169
氢能……169
核能……170

核反应堆 …… 170
风能 …… 170
风力发电 …… 170
水力发电 …… 171
火力发电 …… 171
潮汐能 …… 171
波浪能 …… 172
太阳能 …… 172
太阳辐射 …… 172
地热能 …… 173
沼气 …… 173
能源危机 …… 173

环境与灾害

地理环境 …… 174
生态系统 …… 174
生态平衡 …… 175
生态破坏 …… 175
湿地 …… 175
荒漠化与盐碱化 …… 176
水土流失 …… 176
生态城市 …… 176
生态旅游 …… 177
一次污染 …… 177
二次污染 …… 177
水污染 …… 177
大气污染 …… 178
土地污染 …… 178
海洋污染 …… 179
噪声污染 …… 179
白色污染 …… 179
汽车尾气污染 …… 180
世界八大公害事件 …… 180
温室气体 …… 180
热岛效应 …… 181
酸雨 …… 181
厄尔尼诺 …… 181
拉尼娜 …… 182

目录 CONTENTS

赤潮 …………………………………………182
臭氧空洞 ……………………………………182
国际保护臭氧层日 …………………………182
环境污染 ……………………………………183
环境保护 ……………………………………183
世界环境日 …………………………………183
二十一世纪议程 ……………………………184
地震 …………………………………………184
震级 …………………………………………184
地震带 ………………………………………185
台风与飓风 …………………………………185
龙卷风 ………………………………………185
沙尘暴 ………………………………………186
雷电 …………………………………………186
冰雹 …………………………………………186
雪崩 …………………………………………187
海啸 …………………………………………187
滑坡 …………………………………………187
崩塌 …………………………………………188
泥石流 ………………………………………188
白灾 …………………………………………188
干热风 ………………………………………189
寒潮 …………………………………………189
干旱和旱灾 …………………………………189
洪涝 …………………………………………190
凌汛 …………………………………………190
倒春寒 ………………………………………190

中国概况

中文名称：中华人民共和国
英文名称：The People's Republic of China（P.R.C.）
简称：中国
首都：北京
时区：东8区
国土面积：约960万平方千米
所属洲：亚洲
国庆日：10月1日
国旗：五星红旗
国歌：《义勇军进行曲》
官方语言：汉语普通话

● 中国

"中国"一词最早出现在《诗经》中，有京都、京师、居中者之意。如《诗经·大雅·民劳》中"民亦劳止，汔可小康，惠此中国，以绥四方"。汉代学者毛苌曾为"惠此中国，以绥四方"作注："中国，京师也。"汉末学者刘熙说："帝王所都为中，故曰中国。古时"中国"亦指华夏民族聚居的黄河流域一带，泛指中原地区，含义与"中华""中夏""中土""中州"相同。古代的"中国"并不是一个专有名词，而是一个形容词。真正以"中国"作为具有国家意义的正式名称，是在辛亥革命以后建立中华民国开始的。今天，"中国"已是中华民族各族人民共同组成的国家了，全称是"中华人民共和国"。

● 中华

"中华"一词约在魏晋时出现,是"中国"与"华夏"的合称,意义上与"中原""中土"相同。在古代,"中华"代表着先进的地区和文化,又代表着创造这一先进文明的汉民族。论地域,主要是指中原,扩而大之,及于王朝直接管辖的地区;论文化,一般是指古人所称"礼乐冠第"的中原文化。1912年,中华民国将其纳入国名,从此"中华"又有了现代国家的含义;地理方面"中华"意为整个中国的疆域;民族方面包含生活在中国疆域内的所有民族,还包括生活在海外的华人、华裔。

● 华夏

中国和汉族的古称。"华夏"二字最早见于《周书·武成》:"华夏蛮貊,罔不率俾。"《说文解字》说:"华,意为荣;夏,意为中国之人"。在周代,凡遵守周礼的人和族,称为"华人"和"华族"。由于他们居住在夏代人生活的地方,继承和保持着夏的文化,同时寄予了推翻商朝统治的期望,所以,周人自称夏。因为夏、周以中央大国自居,所以"夏"就有"中国"之意,"夏人"也成了"中国之人"。秦汉开始,华夏文化不断发展,后来,凡接受华夏文化的各族都纳入了华夏族的范畴,"华夏"因此逐渐成为中华民族的代名词。

● 辽阔疆域

中国位于亚洲大陆的东部、太平洋西岸。其陆地面积约960万平方千米。中国领土北起漠河以北的黑龙江江心,南到南沙群岛南端的曾母暗沙,跨纬度近50度;东起黑龙江与乌苏里江汇合处,西到帕米尔高原,跨经度60多度。从南到北,从东到西,距离都在5000千米以上。中国陆地边界长达2.28万千米,大陆海岸线长约1.8万千米,海域面积473万平方千米。素有"世界文明古国""丝绸之国""瓷器之国""诗国""东方腾飞的巨龙""礼仪之邦"之美誉。

● 疆界邻国

中国领土幅员辽阔，陆地面积约960万平方千米，仅次于俄罗斯和加拿大，是世界上第三大国。中国陆地边界长达2.28万千米，大陆海岸线长约1.8万千米，东邻朝鲜，北邻蒙古，东北邻俄罗斯，西北邻哈萨克斯坦、吉尔吉斯斯坦、塔吉克斯坦、西和西南与阿富汗、巴基斯坦、印度、尼泊尔、不丹等国家接壤，南与缅甸、老挝、越南相连。东部和东南部同韩国、日本、菲律宾、文莱、马来西亚、印度尼西亚隔海相望。

● 中国地形

中国地形复杂多样，5种基本地形在中国均有分布，山地、高原和丘陵约占陆地面积的2/3，盆地和平原约占陆地面积的1/3。中国地势西高东低，自西向东呈三阶梯状下降：第一级阶梯是西南部的青藏高原，平均海拔4000米以上，号称"世界屋脊"；第二级阶梯由内蒙古高原、黄土高原、云贵高原和塔里木盆地、准噶尔盆地、四川盆地构成，平均海拔1000—2000米；跨过第二级阶梯东缘的大兴安岭、太行山、巫山和雪峰山，向东直达海岸是第三级阶梯，大部分地区海拔在500米以下，主要为平原和丘陵。第三阶梯以东为中国大陆架浅海区，水深大都不足200米。

● 中国气候

中国气候类型多样，主要特征有三：一是大陆性季风气候显著。受冬、夏季风影响，冬季寒冷少雨、多偏北风，夏季高温多雨、多偏南风，和世界同纬度的其他地区相比，冬季气温偏低，夏季气温偏高，气温年较差大，降水集中于夏季。二是雨热同期。来自海洋的夏季风性质温暖、湿润，在其影响下，降水普遍增多。三是气候复杂多样。我国地域广阔，跨纬度较广，距海远近差距较大，有不同的温度带和干湿地区，加之地形复杂，因而气温降水的组合形式很多，形成了多种多样的气候。

● 河流湖泊

中国河流湖泊众多，水量丰富，河流年径流量达27000亿立方米，居世界第三位。水力资源蕴藏量约6.89亿千瓦，居世界首位。中国的河湖地区分布不均，内外流区域兼备。外流区域与内流区域的界线大致是：北段大体沿大兴安岭—阴山—贺兰山—祁连山（东部）一线，南段比较接近于200毫米年等降水量线（巴颜喀拉山—冈底斯山）。这条线的东南部是外流区域，约占总面积的2/3，河流水量占全国河流总水量的95%以上，内流区域约占总面积的1/3，但是河流总水量还不到全国河流总水量的5%。

● 中国近海

中国近海是指渤海、黄海、东海和南海四大海域，位于北太平洋的西部边缘，总面积470多万平方千米。渤海和黄海以老铁山角经庙岛群岛至山东蓬莱角的连线为界；黄海与东海以长江口北角至韩国济州岛西南角的连线为界；对东海与南海的界线说法不一，较为公认的是以南澳岛与鹅銮鼻的连线为界。中国近海冬夏季风交替显著，大抵可分4个气候区：渤海、黄海为暖温带季风气候，东海为亚热带季风气候，南海大部分为热带季风气候，北纬10°以南的南海属赤道季风气候。我国近海大陆架蕴藏着丰富的石油、煤、铁等矿藏，也是海洋生物资源极其丰富的地方。

● 渤海

渤海，古称沧海，因地处北方，也有北海之称。渤海是我国的内海，是我国最北、最浅的半封闭性海域。三面环陆，北、西、南三面分别与辽、冀、津、鲁相毗邻，东面经渤海海峡与黄海相通。海峡的南北两侧有山东半岛、辽东半岛钳形扼守。渤海南北长约556千米，东西宽约236千米，总面积7.7万平方千米，由辽东湾、渤海湾、莱州湾、中央海盆、渤海海峡组成，平均深度约18米。入海的主要河流有黄河、辽河、滦河和海河。渔业、港口、石油、旅游和海盐是渤海的五大优势资源。

● 黄海

黄海是中国大陆与朝鲜半岛之间的陆架浅海，因河水携带大量泥沙，使入海口海水呈黄色而得名。黄海南北长870千米，东西宽约556千米，面积约38万平方千米，平均水深44米。入海河流有淮河水系、中朝界河鸭绿江和朝鲜的大同江。主要海湾有胶州湾、海州湾、朝鲜湾和江华湾。山东半岛伸入黄海之中，其顶端成山角与朝鲜半岛长山串之间的连线，将黄海分为南北两部分。山东半岛、辽东半岛和朝鲜半岛之间的半封闭海域称北黄海。长江口至济州岛连线以北的椭圆形半封闭海域称南黄海。黄海地区气候冬季寒冷干燥，夏季温暖湿润。

● 东海

东中国海简称东海，是中国三大边缘海之一，北起长江口北岸到韩国济州岛一线，与黄海毗邻，东北以济州岛、五岛列岛、长崎一线为界，南以广东省南澳岛到台湾省本岛南端一线同南海为界，东至琉球群岛，位于中国大陆和台湾岛、琉球群岛和九州岛之间，经对马海峡与日本海相连，濒临中国的沪、浙、闽、台4省市，面积77万多平方千米，多为水深200米以内的大陆架。东海的海湾以杭州湾最大，流入东海的河流有长江、钱塘江、闽江及浊水溪等。东海是世界最著名的渔场之一。

● 南海

南中国海简称南海，是中国最大、最深的海，也是仅次于珊瑚海和阿拉伯海的世界第三大陆缘海。南海东接太平洋，西南通印度洋，面积约350万平方千米，平均水深1212米，最大深度5559米。入海的主要河流有珠江、红河、湄公河和湄南河等。主要海湾有北部湾、泰国湾等。南海风光绮丽，海水表层水温高25℃—28℃，年温差3℃—4℃，终年高温高湿，长夏无冬，盛产名贵海产。此外，南海位居太平洋和印度洋之间的航运要冲，在经济、国防上都具有重要意义。

● 人口民族

中国是世界上人口最多的国家。根据2010年第六次全国人口普查统计数据，全国总人口为137053万人（香港、澳门、台湾地区共计3081万人），占世界人口1/5以上。中国人口密度较高，分布极不均衡。每平方千米的平均人口密度在135人以上，呈东南多、西北少、农村人口比重大的分布特点。中国是一个统一的多民族国家，迄今为止，通过识别并由中央政府确认的民族有56个。各民族之间人口数量相差很大，其中汉族人口最多，其他55个民族人口相对较少，习惯上被称为"少数民族"。2010年第六次全国人口普查统计数据显示，55个少数民族总人口为11379万人。

● 宗教信仰

中国是个多宗教的国家。中国现有各种宗教信教群众1亿多人，信奉的主要有佛教、道教、伊斯兰教、天主教和基督教。中国公民可以自由地选择、表达自己的信仰和表明宗教身份。

● 语言文字

中国是一个多民族、多语言、多文种的国家，有56个民族，共有80种以上语言，约30种文字。汉语是我国、也是世界上使用人数最多的语言，我国除汉族使用汉语外，有些少数民族也转用或兼用汉语。2000年10月31日颁布的《中华人民共和国国家通用语言文字法》确定普通话为国家通用语言；汉字是记录汉语的文字，已有约6000年的历史。现在使用的汉字是从古文字逐渐演变而来的。汉字是汉民族共同使用的文字，一些少数民族也已经完全使用汉字，同时汉字也是全国各少数民族通用的文字。

● 沿海开放城市

沿海开放城市是中国沿海地区对外开放的、并在对外经济活动中实行经济特区的某些特殊政策的一系列港口城市，是经济特区的延伸。1984年，天津、上海、大连、秦皇岛、烟台、青岛、连云港、南通、宁波、温州、福州、广州、湛江、北海共14个沿海城市，被国务院批准为全国首批对外开放城市。

● 国家计划单列市

国家计划单列市出现在20世纪80年代，为中华人民共和国行政区名之一。计划单列市的收支直接与中央挂钩，由中央财政与地方财政两分，无需上缴省级财政。我国目前的计划单列市有5个，分别是深圳、大连、青岛、宁波和厦门，它们享受省一级的经济权限。

● 经济特区

经济特区是在国内划定一定范围，在对外经济活动中采取较国内其他地区更加开放和灵活的特殊政策的特定地区。在我国，是中国政府允许外国企业或个人以及华侨、港澳同胞进行投资活动并实行特殊政策的地区。在经济特区内，对国外投资者在企业设备、原材料、元器件的进口和产品出口，公司所得税税率和减免，外汇结算和利润的汇出，土地使用，外商及其家属随员的居留和出入境手续等方面提供优惠条件。1980年我国建立了4个经济特区：深圳、珠海、厦门、汕头，1988年建立海南岛经济特区，2010年设立喀什经济特区。

● 特别行政区

特别行政区是指根据宪法规定，在中华人民共和国行政区域范围内设立的，享有特殊法律地位、实行特别社会政治、经济制度的行政区域。特别行政区是中华人民共和国不可分割的一部分，是我国的地方行政区域单位，直辖于中央人民政府，除外交、国防事务外享有高度的自治权。根据1984年和1987年中英、中葡两国政府联合声明，在恢复对香港和澳门行使主权的同时，分别于1997年7月1日和1999年12月20日设立了香港和澳门特别行政区。

● 行政区划

行政区划是国家为便于行政管理而分级划分的区域。因此，行政区划亦称行政区域。根据宪法规定，中国的行政区域基本上划分为三级，即省、自治区、直辖市；省、自治区分为自治州、县、自治县、市；县、自治县分为乡、民族乡、镇。但在经济比较发达的地区，在省、县之间增加一级政区，有些自治区，下辖自治州，州以下有县，实际上这都是"四级制"（宪法上尚未认可），这就使中国现行行政区划和地方行政建制层次形成了三级和"四级"并存的体制。目前，中国有34个省级行政区，包括23个省、5个自治区、4个直辖市、2个特别行政区。

● 北京市

北京市简称京，是中国的首都，1949年设直辖市。北京位于华北平原北端，西、南、北三面与河北相连，东南与天津市毗邻，总面积1.7万平方千米，总人口1961万人（2010）。地势西北高、东南低，西部、北部和东北部三面环山，山地面积约占全市2/3。北京属温带大陆性气候，四季分明，春秋短促，夏冬较长，年平均气温11.8℃。北京是具有悠久历史文化的古都，历经数朝经营，积淀下辉煌帝都景观和淳厚文化神韵。北京也是一座现代化的国际大都市，是我国的政治、经济、文化中心。

● 天津市

天津简称津，因明永乐初年筑修天津卫而得名，1949年设为直辖市。天津位于华北平原东北部，东临渤海，北依燕山，面积1.2万平方千米，总人口1294万人（2010），居民多为汉族，还有回族、满族、蒙古族等41个少数民族。天津是中国北方最大的沿海开放城市，海陆空交通便捷，是连接亚欧大陆桥距离最近的东部起点，天津港货物吞吐量位居世界港口前十位。气候上属暖温带半湿润季风气候，冬季盛行西北风，夏季多吹偏南风，四季分明，冬夏漫长，年平均温度12.3℃，年均降水550—680毫米。天津的古建筑、古遗址已成为当地重要的旅游资源。

● 上海市

上海市简称沪，简称源于一种捕鱼的工具"扈"，当时以"扈渎"称上海，后改为"沪"，1949年设为直辖市。上海是中国最大的工商业城市，面积约6340平方千米，人口2302万人（2010），地处长江三角洲前缘，东濒东海，南临杭州湾，西接江苏、浙江两省，北界长江入海，交通便利，腹地广阔，全境为冲积平原，平均海拔仅4米。上海属亚热带季风气候，四季分明，降水集中在夏秋两季。今日的上海，已成为中国最大的经济中心和国家历史文化名城，并逐步向国际经济、金融、贸易中心城市和国际航运中心发展。

● 重庆市

重庆市简称渝，得名始于1190年，南宋光宗赵惇先封恭王，后登帝位，取"双重喜庆"之意，1997年设直辖市。重庆位于中国西南部，长江上游，面积8.2万平方千米，人口2885万人（2010），有苗族、土家族等50个少数民族。地势从南北两面向长江河谷倾斜，起伏较大，依山傍水，既以江城著称，又以山城扬名。重庆属亚热带湿润气候，年平均气温18℃左右，冬暖夏热，雨量充沛，春夏之交夜雨尤甚，因此有"巴山夜雨"之说。此外，重庆年平均雾日104天，有"世界雾都"之称。重庆有丰富的天然气资源，同时也是桑蚕、柑橘、茶叶等经济作物的重要产地。

● 内蒙古自治区

内蒙古自治区简称内蒙古，省会呼和浩特，以漠南蒙古得名，于1947年正式成立自治区。内蒙古是一个多民族聚居的地区，位于中国北部，北与蒙古和俄罗斯交界，面积118万平方千米，人口2471万人（2010）。地形以高原为主，内蒙古高原面积占全区2/3，构成了地形的主体。气候属典型的中温带季风气候，降水少而不均，寒暑变化明显。内蒙古草场广阔，盛产三河马、三河牛。此外，内蒙古稀土储量占全世界4/5，煤、铁等矿产资源也极为丰富。

● 宁夏回族自治区

宁夏回族自治区简称宁，省会银川，以"西夏永远安宁"得名，1958年成立自治区。宁夏地处西北黄土高原，黄河中上游，地势南高北低，南为黄土高原、六盘山地，北为宁夏平原及东西两侧鄂尔多斯高原、贺兰山地，全区面积6.6万平方千米，人口630万人（2010），回族人口占30%以上，是全国最大的回族聚居区。宁夏地区南北气候悬殊，属温带大陆性半湿润半干旱气候，南寒北暖、南湿北干，风大沙多，气温年较差大，年平降水180—680毫米。黄河由南而北穿过银川平原，使之成为宁夏最为富庶的地区，自古有"塞上江南"的美称。

● 西藏自治区

西藏自治区简称藏，省会拉萨，1965年成立自治区。西藏地处中国西南边疆，与印度、尼泊尔、不丹、缅甸等国为临，面积123万平方千米，人口300万人（2010），是中国人口密度最小的省区，居民95%以上为藏族。西藏位于青藏高原西南部，平均海拔4000米以上，有"世界屋脊"之称。因复杂的地形地貌，形成了独特的高寒气候区，西北严寒干燥，东南温暖湿润，垂直气候带明显。西藏有野牦牛、藏羚羊等世界珍稀动物；水能、太阳能、地热能、风能等非常丰富。此外，藏传佛教在西藏也有着久远而深刻的影响。

● 新疆维吾尔自治区

新疆维吾尔自治区简称新，省会乌鲁木齐，1955年正式成立自治区。1762年清设伊犁将军，1884年清设新疆省，为新疆得名的开始。新疆位于中国西北边疆，与蒙古、俄罗斯、哈萨克斯坦、吉尔吉斯斯坦、塔吉克斯坦、阿富汗接壤，西南与克什米尔地区毗邻，面积166万平方千米，人口2181万人（2010）。新疆深居内陆，为高山环抱，形成"三山夹两盆"的地形特征。气候属温带大陆性气候，日照较长，温差较大，年平均温度-4℃—9℃，年均降水145毫米。吐鲁番盆地是著名的"火洲"，最高温49.6℃。新疆油气资源丰富，同时还是中国最主要牧区之一。

● 广西壮族自治区

广西壮族自治区简称桂，省会南宁，因宋代设广南西路而得名，1958年成立自治区。广西地处中国南疆，南临北部湾，面向东南亚，西南与越南毗邻，面积24万平方千米，人口4603万人（2010），除汉族外以壮族人口最多，有1600多万人，同时，我国少数民族人口也以广西最多。广西地形以山地、丘陵为主，平原分布零星，面积较小。广西属亚热带湿润季风气候，温和多雨，年平均气温17℃—23℃。广西有独特的旅游资源，尤以桂林山水最为典型，素以山青、水秀、洞奇、石美著称于世。

● 香港特别行政区

香港特别行政区简称港，因香江而得名，素称"东方明珠"。香港位于珠江口东侧，西与澳门相对，北与深圳市毗邻，陆地部分与广东接壤，向南伸入南海，由香港岛、新界、九龙半岛及260多个外岛组成，总面积1104平方千米，人口710万人（2010），是我国人口稠密区之一。香港属亚热带气候，气温较高，年平均温度为22.8℃。在鸦片战争后，英国殖民者曾统治香港达90多年。1997年7月1日，香港回归祖国，并成立香港特别行政区，按"一国两制"的方针，享有高度的自治权。

● 澳门特别行政区

澳门特别行政区简称澳，因有南台、北台（今西望洋山和东望洋山）二山相对如门，故称澳门。澳门位于中国东南沿海的珠江三角洲西侧，由澳门半岛、氹仔岛、路环岛和路氹城4部分组成，总面积共27.5平方千米，人口约55.23万人（2010），是我国人口密度最高的地区。气候上属热带海洋性季风气候，年平均温度22℃，湿度较高。澳门曾沦为葡萄牙殖民地，"Macau"为葡萄牙人对澳门的称呼。1999年12月20日，澳门回归祖国，并成立澳门特别行政区，依据澳门基本法实行高度自治。

● 山东省

山东省简称鲁，省会济南，以在太行山之东而得名，位于黄河下游，东临渤海、黄海。山东半岛与辽东半岛相对，环抱渤海湾。全省总面积约16万平方千米，人口9579万人（2010）。地形以平原丘陵为主，中部为隆起山地，东部大都是低矮的丘陵区，西部、北部是华北平原的一部分。山东属暖温带半湿润季风气候，气候温和，四季分明。沿海水产品丰富，盛产扇贝、对虾、刺参等海珍品，山东苹果、花生、大蒜等都是享有盛名的名产。此外，山东原油产量占全国总量的1/3，黄金产量占全国1/4以上。

● 山西省

山西省简称晋，省会太原，以在太行山之西而得名。全省轮廓似由东北斜向西南的平行四边形，是一个被黄土广泛覆盖的、起伏较大的高原，大部分地方覆盖着10—30米厚的黄土，是黄土高原的一部分。全省面积约16万平方千米，人口3571万人（2010）。气候属温带—暖温带大陆性季风气候，年平均温度3℃—14℃，年平均降水400—600毫米。山西历史悠久，有云冈石窟、太原晋祠等诸多名胜古迹。此外，山西是我国著名的煤矿产地，运出的煤炭遍及全国20多个省市。

● 河南省

河南省简称豫，省会郑州，以在黄河之南而得名，地处我国中部偏东、黄河中下游。地势西高东低，北部为太行山余脉，西部为秦岭余脉，南部为大别山，东部为广阔的华北平原，总面积约17万平方千米，人口9402万人（2010）。气候属暖温带季风气候，年平均气温12℃—16℃，年均降水500—1000毫米。河南矿产丰富，农业发达，小麦、烤烟、芝麻产量居全国首位。河南历史悠久，有白马寺、龙门石窟、安阳殷墟遗址、嵩山等名胜古迹。

● 河北省

河北省简称冀，省会石家庄，以在黄河之北而得名，地处华北、渤海之滨，首都北京周围，近邻天津。地形以平原山地为主，面积19万平方千米，总人口7185万人（2010）。河北属温带季风气候，冬寒夏雨，早春普遍。耕地面积占全国的6.7%，是重要的粮棉产区。沿海盛产鱼类和海盐。河北名胜古迹颇多，有著名的承德避暑山庄、外八庙、赵州桥，以及有"天下第一关"之称的山海关。此外，河北的民俗文化和民间艺术也是河北旅游资源中不可或缺的重要部分。

● 湖南省

湖南省简称湘，省会长沙，以在洞庭湖之南而得名，位于长江中游南部，东临江西，西接川黔，南毗两广，北连湖北。境内湘江贯穿南北,据说,湘江流域过去多植芙蓉,故又有"芙蓉国"之称。湖南东、南、西三面为山地、丘陵,中部低缓,总面积21万平方千米,人口6568万人(2010),有回族、土家族、苗族等多个少数民族。湖南属亚热带湿润季风气候,夏热长久,冬寒短促,年平均气温16℃—18℃。名胜古迹有长沙马王堆汉墓、岳阳楼、洞庭湖、岳麓书院等。

● 湖北省

湖北省简称鄂,省会武汉,以在洞庭湖之北而得名,北接河南省,东连安徽省,东南和南邻江西、湖南两省,西靠重庆市,西北与陕西省为邻,面积19万平方千米,人口5724万人(2010)。地形大致东、西、北三面环山,中间低平,略呈向南敞开的不完整盆地状。气候属亚热带季风气候,夏热东冷,年平均气温13℃—18℃,年均降水800—1600毫米。湖北交通发达,有"九省通衢"之称,有京广铁路、京珠高速、长江、汉江等重要水陆干线。此外,湖北还是一座山水名胜与文物古迹兼备的城市,例如长江三峡、黄鹤楼、武当山、神农架、古三国遗迹等。

● 吉林省

吉林省简称吉,省会长春,以"吉林乌拉"前两字得名,满语"吉林乌拉"意为"沿江"。吉林位于东北地区中部,东与俄罗斯接壤,东南部以图们江、鸭绿江为界与朝鲜隔江相望。全省面积约19万平方千米,人口2746万人(2010),有朝鲜族、满族、蒙古族、回族等多个少数民族。地形东南高,西北低,以大黑山为界,分为东部山地和中西部平原两大地貌区。吉林属温带大陆性季风气候,四季分明,雨热同季,大部分地区年平均气温为2℃—6℃,年均降水400—900毫米。吉林是中国重要的粮食、林业和野生动植物基地,人参、鹿茸、貂皮号称"东北三宝"。旅游资源有伪满洲国旧址、净月潭森林公园、长白山、吉林雾凇等。

● 黑龙江省

黑龙江省简称黑,省会哈尔滨,因境内有黑龙江而得名,位于我国东北边疆,面积约46万平方千米,人口3831万人(2010),有满族、朝鲜族、回族、蒙古族等少数民族。地势西北和东南高,西南为松嫩平原,东北部为三江平原。黑龙江属寒温带大陆性季风气候,冬季漫长寒冷,夏季暖热多雨,年平均气温在-4℃—5℃。大、小兴安岭是我国主要林区,木材蓄积量和采伐量均居全国第一。这里是我国重要粮食产区,以玉米、高粱最多。此外,黑龙江还有丰富的石油和煤矿资源,如大庆油田、鸡西煤矿、鹤岗煤矿等。

● 辽宁省

辽宁省简称辽,省会沈阳,以"辽河流域永久安宁"得名,位于中国东北地区南部,东临朝鲜,面积15万平方千米,人口4375万人(2010),有汉族、满族、蒙古族、回族、朝鲜族等44个民族。地形从东南和西北向中央倾斜,两侧为低山丘陵,中部为广阔平原。气候上属温带大陆性季风气候,年平均温度4℃—10℃,年均降水440—1130毫米。辽宁是中国重要的粮食产区和最大的重工业基地,煤、铁、石油等资源丰富。辽宁的名胜古迹有沈阳故宫、千山、大连海滨及金石滩风景区等。

● 江西省

江西省简称赣,省会南昌,以在江南的西部而得名,地处中国的东南部,长江中下游的南岸,东邻浙江、福建,南连广东,西接湖南,北毗湖北、安徽,面积17万平方千米,人口4457万人(2010)。江西由鄱阳湖平原、赣中丘陵、赣南及东西边境山地3部分组成,呈向北开口的盆地形。气候属亚热带湿润季风气候,春秋季短,夏冬季长,年平均气温16℃—20℃,年均降水约1300—1900毫米。江西资源丰富,是著名的"鱼米之乡",农作物以水稻为主。鄱阳湖号称"鱼库",年产鲜鱼数十万担。这里还有众多名胜古迹,如庐山、石钟山以及革命纪念地井冈山、瑞金等。

● 云南省

云南省简称云或滇,省会昆明,因在云岭之南而得名,地处中国西南边陲,与越南、老挝、缅甸接壤,边界线总长4060千米,全省总面积约39万平方千米,人口4597万人(2010),少数民族人口超过1/3,是我国少数民族人口最集中的地区之一。因地处云贵高原,山地高原分布较广,约占94%。受东南季风和西南季风控制,又受西藏高原影响,大体呈亚热带高原季风气候,因高海拔、低纬度,垂直变化显著,有"一山四季"之说。独特的气候和地理环境,使云南成为中国植物种类最多的省份,素有"植物王国"的美誉。此外,云南独特的民族文化和悠久历史,造就了云南得天独厚的旅游资源。

● 江苏省

江苏省简称苏,省会南京,以江宁府和苏州府各取一字得名,位于长江、淮河下游,是长江三角洲地区的重要组成部分,面积10万平方千米,人口7866万人(2010)。地形以平原为主,低山、丘陵极少,河流湖泊较多,有"水乡江苏"之称。气候上属亚热带、暖温带季风气候过渡区,冬季轻寒,夏季暖热,年平均气温13℃—16℃,年均降水800—1200毫米。江苏工农业均较发达,经济、社会发展水平居全国前列。这里还有众多的名胜古迹,例如中山陵、雨花台、瘦西湖等。

● 福建省

福建省简称闽,省会福州,以福州、建州各取一字得名,地处中国东南沿海,毗邻港澳,与台湾省隔海相望,面积12万多平方千米,人口

3689万人（2010）。地形以山地丘陵为主，平原和盆地分布于东部沿海和河谷狭长地带。气候属亚热带季风气候，温暖湿润，罕见霜雪，年平均气温17℃—22℃，年均降水1100—2000毫米。福建山清水秀，旅游资源丰富，森林覆盖率60%以上，有武夷山、太姥山、玉华洞、广化寺、朱熹故居、林则徐故居等著名风景名胜。此外，福建还是中国著名的侨乡，有海外华侨、华人1000多万人。

● 甘肃省

甘肃省简称甘或陇，省会兰州，因古甘州、肃州而得名，位于青藏、内蒙古、黄土三大高原交界处，面积43万平方千米，人口2558万人（2010），有汉族、蒙古族、回族、藏族等多个民族。地形由东南向西北斜长绵亘，群山环抱，江河奔流，自然条件复杂多样。甘肃属温带季风气候，气候干燥，日较差大，年平均气温在0℃—14℃，年均降水约300毫米。河西走廊沃野千里，是甘肃著名的粮仓。甘肃历史文化悠久，古丝绸之路是中西文化交流、商贸往来的必经之地。名胜古迹有嘉峪关、莫高窟、玉门关和崆峒山等。

● 浙江省

浙江省简称浙，省会杭州，因境内钱塘江婉转曲折而得名，地处中国东南沿海、长江三角洲南翼，东临东海，南接福建，西与江西、安徽相连，北与上海、江苏接壤，面积约10万平方千米，人口5443万人（2010）。地势由西南向东北倾斜，山地和丘陵占70.4%，平原和盆地占23.2%，河流和湖泊占6.4%，耕地面积仅208.17万公顷，故有"七山一水两分田"之说。浙江属亚热带季风气候，降水充沛，年平均气温15℃—18℃，年均降水980—2000毫米。这里还是著名的"鱼米之乡"，有我国最大的渔场——舟山渔场，以及丰饶的水稻、小麦、茶叶等农产品，杭州西湖的龙井茶更是久享盛名。此外，浙江名胜古迹众多，如西湖、灵隐寺、雁荡山、普陀山、钱塘潮等。

● 安徽省

安徽省简称皖，省会合肥，以安庆府和徽州府各取一字得名，位于华东腹地，紧邻以上海为中心的长江三角洲经济区，是临江近海的内陆省份，总面积14万平方千米，人口5950万人（2010）。全省地势西南高、东北低，山地、丘陵、平原兼备，长江、淮河横贯全境。安徽气候以淮河为分界线，北部属暖温带半湿润季风气候，南部属亚热带湿润季风气候，温和湿润，四季分明，年平均气温14℃—16℃，年均降水800—1600毫米。安徽山清水秀，动植物资源丰富。风景名胜有黄山、九华山等。

● 贵州省

贵州省简称贵或黔，省会贵阳，因贵山得名，北邻重庆，南接广西，东界湖南，西连四川、云南，面积约18万平方千米，人口3475万人（2010），其中少数民族约占32%，有苗族、布依族、侗族等多个少数民族。贵州地处云贵高原东部，地势由西向东呈阶梯状，再由中部向南、北倾斜降低，高原平均海拔约1100米。气候上属亚热带季风气候，冬无严寒，夏无酷暑，年平均气温14℃—16℃，年均降水1100—1400毫米。这里生物种类繁多，矿产资源丰富，电力工业水火兼备。此外，贵州生产的茅台酒是酒中极品，素有"国酒"之称。

● 四川省

四川省简称川或蜀，省会成都，以益州、梓州、利州、夔州4路得名，地处长江上游，西倚青藏高原，东靠长江，北有秦岭巴山，南为云贵高原，面积49万平方千米，人口8042万人（2010）。地形以山地、高原和丘陵为主，约占97.5%。川西为高原，其余为四川盆地。四川各地气候差异明显，川西高原气候垂直分布显著，有"十里不同天"之说。四川盆地为亚热带湿润气候，降水充沛，年平均气温14℃—19℃。四川地大物博，历史悠久，山水名胜、民族风情兼备，自古以来就享有"天府之国"的美誉。此外，这里还有中国85%以上的大熊猫，被称作"熊猫故乡"。

● 青海省

青海省简称青，省会西宁，因境内有青海湖而得名，位于青藏高原东北部，是长江、黄河、澜沧江的发源地，被誉为"江河源头""中华水塔"。境内有中国最大的内陆咸水湖——青海湖。青海总面积72万平方千米，人口563万人（2010），有藏族、回族、蒙古族等43个少数民族。境内山脉高耸，西高东低，西北高中间低，地形复杂多样。青海属高原大陆性气候，温差大、日照长、降水较少。这里资源十分丰富，是中国四大牧区之一，矿产资源有近50种居全国前十位，太阳能、风能、地热能和生物质能均居全国前列。

● 陕西省

陕西省简称陕或秦，省会西安，因在陕原以西而得名，位于黄河中游、汉水上游，跨黄土高原中部，境内北部为黄土高原，中部为渭河平原，南部为秦巴山地和汉水谷地，全省面积21万平方千米，人口3733万人（2010）。陕西地域狭长，地势南北高，中间低。秦岭山脉横亘省境中南部，南北气候差异显著，由南而北具有亚热带湿润气候、暖温带半湿润气候和暖温带、暖温带半干旱气候特征。这里还拥有着悠久的历史和众多的文化遗存，华山、西安碑林、半坡村遗址、秦始皇陵、秦兵马俑博物馆、黄帝陵等都是陕西的游览胜地。

● 广东省

广东省简称粤，省会广州，以广南东路得名，位于南岭以南，南海之滨，与香港、澳门、广西、湖南、江西和福建接壤，与海南隔海相望，总面积18万平方千米，人口10430万人（2010）。地势北高南低，北部、东北部和西部都有较高山脉，中部和南部沿海地区多为低丘、台地或平原。气候上属亚热带、热带季风气候，高温多雨，多气旋与台风天气。广东是中国重要水稻产区和甘蔗、蚕桑等经济作物产区，当地工业较发达，水陆交通、航海航运均较完善，是中国经济最发达的省份之一。

● 海南省

海南省简称琼，省会海口，以海南岛得名，位于中国最南端，包括海南岛和西沙群岛、中沙群岛、南沙群岛的岛礁及其海域，陆地面积约3.5万平方千米，海域面积约200万平方千米，人口867万人（2010），有汉族、黎族、苗族、回族等51个民族。地势中央高，四周地，呈环状结构，以五指山为中心，向四周依次降为山地、丘陵、台地、平原。全省高温多雨，长夏无冬，属热带气候，年均降水1500—2600毫米。海南的旅游资源丰富，海岸带景观、热带原始森林、山川瀑布、古迹名胜应有尽有，有"天涯海角"之称，是我国最具特色的旅游风景区之一。

● 台湾省

台湾省简称台，省会台北，因台湾府而得名。台湾是我国第一大岛，位于中国东南沿海大陆架，东临太平洋，西隔台湾海峡与福建相望，陆地面积3.6万平方千米，其中台湾岛面积3.58万平方千米，人口2316万人（2010）。台湾岛山地、丘陵广布，约占总面积2/3以上，东部多山脉，西部多平原。冬季温暖，夏季炎热，雨量充沛，北部为亚热带气候，南部为热带气候，年平均气温22℃，年均降水2000毫米以上。作为著名旅游胜地，台湾被人们称为"美丽富饶的宝岛"，台湾岛上的风光，可概括为"山高、林密、瀑多、岸奇"等几个特征。

人口民族和城市

中国是一个统一的多民族国家,共有56个民族,总人口137053万人(2010)。改革开放以来,随着计划生育政策的贯彻落实,人口数量平稳增长,人口素质全面提高;各民族人民团结互助、共同繁荣、共同发展;城市建设不断完善,社会生活水平不断提高,逐步向富强民主文明和谐的社会主义现代化国家迈进!

● 人种

人种是世界人类种族的简称,是指人类在一定的区域内,历史上所形成的、在体质上具有某些共同遗传性状(包括肤色、眼色、发色和发型、身高、面型、头型、鼻型、血型、遗传性疾病等)的人群。人种的概念,最初于1684年由法国博物学家伯尼埃首先提出。根据人类体质方面的特征,人类可以分为白种、黄种和黑种3个主要人种,也有人主张分为4类,即主张再分出棕色人种。中国地处黄种人分布区,属黄色人种。世界上的所有人种都是平等的,没有优劣高低之分。

● 中国人口

中国是世界上人口最多的国家。中国人口基数大,增长速度快,根据2010年第六次全国人口普查统计,中国总人口137053万人,超过世界总人口的1/5。中国人口密度大,每平方千米平均人口密度在135人以上,人口分布极不均衡:东部沿海地区人口密集,每平方千米超过400人;中部地区每平方千米超过200人;西部高原地区人口稀少,每平方千米不足10人。中国农村人口比重较大，城镇人口比重较小。

● 中国人口分布线

中国人口分布线又称"胡焕庸线"，是我国人口密度大小的分界线。它是由我国著名地理学家胡焕庸教授于20世纪30年代提出来的，当时称瑷珲—腾冲线，后瑷珲并入黑河市，称黑河—腾冲线。他根据1933年的人口分布和人口密度图，提出在我国东北边境的瑷珲到西南边陲的腾冲，画出一条假想的直线段，由此划分出中国人口在区域上的分布，这条直线的东南人口稠密，西北稀疏，数量差距悬殊。这条线是我国名副其实的人口地理分界线，也有人称其为"中国人口疏密线"。

● 人口出生率

人口出生率是某地在一个时期内（通常指一年）出生人数与平均人口之比，它反映了人口的出生水平，一般用千分比表示。通过多年的生育政策调控，根据2009年国民经济和社会发展统计公报，我国目前人口出生率为12.13‰。

人口出生率 =（年内出生人数/年内平均人口数）× 1000‰

● 人口死亡率

人口死亡率是一定时期的死亡人口（通常指一年）与该时期平均总人口之比。该指标反映了人口死亡的强度，适于进行空间、时间上的对比。除可以对一个地区的总死亡率进行研究外，还可以根据某种需要分年龄、分地区、分部门考察死亡率。随着近年来我国医疗水平和生活水平的提高，根据2009年国民经济和社会发展统计公报，我国目前人口死亡率为7.08‰。

人口死亡率 =（年内死亡人口数/总人口数）× 1000‰

● 人口自然增长率

人口自然增长率是一定时期内人口自然增长数（出生人数减死亡人数）与该时期内平均人口数之比，通常以年为单位计算，用千分比来表示。当全年出生人数超过死亡人数时，人口自然增长率为正值，反之则为负值。因此，人口自然增长水平取决于出生率和死亡率两者之间的相对水平。虽然我国人口自然增长率在10‰以下，但人口数量仍以每年800—1000万的速度增长，新生儿每年出生1600—2000万。2009年国民经济和社会发展统计公报显示，我国目前人口自然增长率为5.05‰，出生人口性别比为119.45。

人口自然增长率 =（年内出生人数 − 年内死亡人数）/年平均人口数 × 1000‰ = 人口出生率 − 人口死亡率

● 人口再生产

一个国家或地区的人口总体，是由不同年代出生的、不同性别的个体组成的。随着时间的推移，老一代陆续死亡、新一代不断出生、世代更替，使人口总体不断地延续下去，这就是人口再生产。从历史上看，世界各国的人口再生产有很多共同之处。按照人口出生率、死亡率和自然增长率，可以划分为4种人口再生产类型：原始型为极高出生率、极高死亡率和极低的自然增长率；传统型为高出生率、高的死亡率和较低的自然增长率；过渡型为高出生率、低死亡率和高自然增长率；现代型为低出生率、低死亡率和低自然增长率。

● 人口爆炸

"人口爆炸"用来形容世界人口增长率的急剧上升和人口基数呈指数增长的现状。重要标志是人口翻番的时间越来越短：世界人口从5亿增加到10亿用了200余年；从10亿增加到20亿用了100多年，从20亿到40亿不到70年，截止到2005年，世界人口已经超过65亿。人类的发展和人口的增长使地球承受重负，资源、能源等正在不断被消耗掉。目前世界人口年龄结构属于典型的增长型，它将在今后相当长的时期内保持增长势头。在我国，北京、上海、天津、深圳等城市已面临人口急剧增长的考验。

● 华侨、华人、华裔

中国人旅居国外，但仍保留中国国籍的称为华侨；取得所在国国籍的称为华人；中华人民共和国界定华侨、华人在国外出生的中国人的后代称为华裔。我国约有4800万华侨华人分布在世界各地。侨胞原籍以广东、福建两省最多，这两省许多地方一向以"侨乡"著称。

● 人口迁移

人的居住地在国际或本国范围内发生改变称为人口迁移，这种空间移动应当是长期的或永久性的。按地理范围划分可分为国际人口迁移和国内人口迁移，人口的国内迁移比国际迁移普遍、频繁得多。在中国，人们把由关内迁往东北地区称作"闯关东"。从19世纪开始，由河北、山东等地迁往东北的移民数量和规模都很大，使东北人口从1897年的700多万人骤增至2900多万人。中华人民共和国成立后，为了加快东北、西北、青藏地区的发展，中国政府进行了多次有组织的大规模人口迁移，支持地方建设。

● 历史上的三次大迁移

西晋"永嘉之乱"时期，北方居民为了躲避战乱和腐朽的统治，大规模迁移到江淮流域，使秦汉以来人口分布显著的北多南少的格局开始发生变化；唐"安史之乱"时期，北方居民大规模南迁，从根本上改变了中国人口分布以黄河流域为重心的格局；北宋"靖康之难"时期，黄河流域成为主要战场，引发了人口南迁的第三次高潮。北宋末年，南方人口已占全国人口2/3左右。

● 流动人口

流动人口目前尚无明确、准确和统一的定义，一般意义上讲，流动人口是指离开了户籍所在地到其他地方居住的人口，这是在中国户籍制度条件下的一个概念，类似的群体被称为"国内移民"。流动人口的流向主要有农村流向城市、由经济欠发达地区流向经济发达地区、由中西部地区流向东部沿海地区。随着工业化、城镇化的发展，中国已经进入了人口流动最为活跃的时期。据统计，中国流动人口从1982年的657万上升到2005年的1.47亿，而据2010年的统计数字，全国流动人口达到2.61亿。

● 人口日

1987年7月11日，地球人口达到50亿。为纪念这个特殊的日子，1990年联合国根据其开发计划署理事会第三十六届会议的建议，决定将每年7月11日定为"世界人口日"，以唤起人们对人口问题的关注。

1999年10月12日零时2分，世界上第60亿位居民在波黑出生，联合国将这一天定为"世界60亿人口日"。

2005年1月6日零时2分，中国第13亿位公民在北京妇产医院出生，这一天也成为"中国13亿人口日"。

● 人口素质

人口素质又称人口质量，是指在一定社会历史时期，一定的社会生产力条件下，人们所具有的思想道德、科学文化、劳动技能和身体素质的水平。它是一个受多种因素制约的综合体，既有自然因素，也有社会因素；既有先天因素，也有后天因素；既有环境的客观因素，也有个人努力的主观因素。在不同的社会条件下，人们所处的阶级地位不同，每个人得到的生活资料和受教育程度，以及医疗条件也有所不同，从而影响了人口的素质。可见，社会因素和后天的培养及个人的努力，是影响人口素质的最主要因素。

● 环境人口容量

简单地说，就是环境所能容纳的最大人口数。联合国教科文组织给环境人口容量下的定义为：一个国家或地区的环境人口容量，是在可预见到的时期内，利用本地资源及其他资源和智力、技术等条件，在保证符合社会文化准则的物质生活条件下，该国家或地区所能持续供养的人口数量。

● 中国人口之最

中国人口最多的省级行政单位：广东省，10430万人（2010）。

中国人口最少的省级行政单位：澳门特别行政区，55.23万人（2010）。

中国人口密度最大的省级行政单位：澳门特别行政区，1.9万人/平方千米（2010）。

中国人口密度最小的省级行政单位：西藏自治区，2.5人/平方千米（2010）。

● 民族

汉语中的"民族"一词出现于19世纪后半叶。1903年，梁启超将瑞士—德国的政治理论家、法学家J.K.布伦奇利的民族概念介绍到中国，"民族"一词才开始普遍使用。民族是"人们在历史上形成的一个有共同语言、共同地域、共同经济生活以及表现于共同文化上的共同心理素质的稳定的共同体"，因此它与人种不同，是长期历史形成的社会统一体。

● 中华民族

中华民族是中国各民族的总称。中国共有56个民族，其中汉族人口最多，约占总人口的91.51%，其他的55个民族人口较少，习惯上被称为少数民族。少数民族当中，人口最多的是壮族，有1700多万，人口超过400万的少数民族还有满族、回族、苗族、维吾尔族、彝族、土家族、蒙古族、藏族等。我国的56个民族为：汉族、蒙古族、回族、藏族、维吾尔族、苗族、彝族、壮族、布依族、朝鲜族、满族、侗族、瑶族、白族、土家族、哈尼族、哈萨克族、傣族、黎族、傈僳族、佤族、畲族、高山族、拉祜族、水族、东乡族、纳西族、景颇族、柯尔克孜族、土族、达斡尔族、仫佬族、羌族、布朗族、撒拉族、毛南族、仡佬族、锡伯族、阿昌族、普米族、塔吉克族、怒族、乌孜别克族、俄罗斯族、鄂温克族、德昂族、保安族、裕固族、京族、塔塔尔族、独龙族、鄂伦春族、赫哲族、门巴族、珞巴族、基诺族。

● 民族问题

从民族形成、发展直到消亡之间的各个历史阶段，不同民族在社会生活的各个领域都会发生各种矛盾。民族问题是一个社会政治问题，属于一定的历史范畴。它随着人们形成为不同的民族而发生，也将随着民族差别的消失而消失。

● 民族分布

中国各民族分布的特点是：大杂居、小聚居、相互交错居住。汉族地区有少数民族聚居，少数民族地区有汉族居住。这种分布格局是长期历史发展过程中各民族间相互交往、流动而形成的。中国少数民族人口虽少，但分布很广。汉族的分布遍及全国，主要集中在东部和中部；少数民族多分布在西南、西北和东北等地区。

● 民族政策

我国实行平等、团结、互助的民族政策，各民族不论大小，一律平等。国家尊重少数民族的文化、风俗习惯、宗教信仰等。在少数民族聚居的地区实行民族区域自治（如自治区、自治州、自治县、民族乡等）的政策。国家根据各少数民族的特点和需要，帮助各少数民族加快发展本地区的经济、文化和各项社会事业。中华人民共和国成立以来的实践证明，中国的民族政策是成功的，走出了一条符合自己国情的解决民族问题和实现各民族共同发展、共同繁荣的正确道路。

● 民族区域自治

民族区域自治是在国家统一领导下，在各少数民族聚居的地方实行区域自治，设立自治机关，行使自治权。实行民族区域自治，体现了国家充分尊重和保障各少数民族管理本民族内部事务权利的精神，体现了国家坚持实行各民族平等、团结和共同繁荣的原则。1947年5月1日，我国成立了第一个省级民族自治区——内蒙古自治区，后陆续成立了新疆维吾尔自治区（1955年10月1日）、广西壮族自治区（1958年3月5日）、宁夏回族自治区（1958年10月25日）和西藏自治区（1965年9月1日）4个省级民族自治区。目前，我国已有民族自治地方155个，人口占少数民族人口的70%以上，实行区域自治的少数民族达到44个。

● 民族融合

民族融合是指历史上两个以上的民族，因杂居相处、互相通婚等原因，社会和文化互相渗透、相互影响，差异性缩小，共同性增多，最终融为一体，合而为一个民族。民族融合是民族共同体发展过程中的进步现象，是历史发展的必然趋势。从我国历史上的历次民族融合可以看出，民族融合具有4个特点：1.民族融合主要是文化上的融合；2.越是战乱时期，民族融合的规模就越大；3.少数民族统治区域内的民族融合规模最大；4.自然融合和主动融合是民族融合的主流。

● 民族同化

民族同化是指一个民族在一定的历史条件下，同化于另一个民族的现象。历史上的民族同化有两种：一种是自然同化，某一个民族在长时期中受到另一个民族的影响，逐渐消失了本民族的特性，同化于另一个民族，这是历史发展中自然的进步趋势；另一种是强制同化，是反动统治者所采取的民族同化政策，强制被压迫民族接受统治民族的语言、文字、风俗习惯，改变原有的民族特性。

● 民俗文化

民俗文化是民间民众的风俗生活文化的统称，也泛指一个国家、民族、地区中集居的民众所创造、共享、传承的风俗生活习惯，是在普通人民群众的生产生活过程中所形成的一系列物质的、精神的文化现象。民俗文化主要包括：民俗工艺文化、民俗装饰文化、民俗饮食文化、民俗节日文化、民俗戏曲文化、民俗歌舞文化、民俗绘画文化、民俗音乐文化、民俗制作文化等。

● 宗教

宗教是人类社会发展到一定历史阶段出现的一种文化现象，属于社会意识形态。在中国，信众信奉的主要有佛教、道教、伊斯兰教、天主教和基督教。中国公民可以自由地选择、表达自己的信仰和表明宗教身份。据不完全统计，中国现有各种信教群众1亿多人，宗教活动场所8.5万余处，宗教教职人员约30万人，宗教团体3000多个。宗教团体还办有培养宗教教职人员的宗教院校74所。

● 基督教

基督教是以信仰耶稣基督为救主的宗教，包括天主教、东正教、新教三大派别。基督教产生于1世纪的巴勒斯坦地区，形成于亚洲的西部，主要分布于欧洲、美洲和大洋洲，遍布全世界100多个国家和地区，拥有信众超过21亿人，是目前世界上最大的宗教。在中国所称基督教或耶稣教往往特指新教。新教于19世纪初传入中国。1807年，英国伦敦宣道会派遣马礼逊到中国，他是第一个到中国大陆的新教传教士。

● 伊斯兰教

"伊斯兰"是阿拉伯语音译，原意为"顺从""和平和安宁"，指顺从和信仰宇宙独一的最高主宰安拉及其意志，以求得和平与安宁。伊斯兰教7世纪初兴起于阿拉伯半岛，由麦加人穆罕默德（约570—632）所创传，主要传播于亚洲、非洲。经历了1400余年的发展，现今伊斯兰教已传播至世界五大洲，遍布全世界50多个国家和地区，是拥有约15亿信众的世界第二大宗教。唐宋时期（7世纪至13世纪），伊斯兰教传入中国并发展起来。

● 佛教

佛教创始于公元前6世纪到公元前5世纪的古印度（今尼泊尔境内），创始人乔达摩·悉达多（释迦牟尼）。佛教是世界第三大宗教，主要分布于南亚、东南亚及东亚地区。在佛教创始人释迦牟尼去世后，佛教内部由于对释迦牟尼所说的教义有不同的理解和阐发，佛教分为大乘和小乘两个教派。大乘佛教的中心位于今巴基斯坦的白沙瓦，它向北扩散到中亚、中国、蒙古、朝鲜和日本，所以又称北传佛教。向北进入到中国西藏地区的佛教，经与当地的地方性宗教结合后，成为藏传佛教，俗称喇嘛教，后又传入蒙古高原等地区。小乘佛教由古印度的中心向南扩散到斯里兰卡、缅甸和泰国等地，又称南传佛教。

● 聚落

聚落是人类各种形式的聚居地的总称，约起源于旧石器时代中期，随着人类文明的进步逐渐演化。聚落作为人类适应、利用自然的产物，是人类文明的结晶。它不单是房屋建筑的集合体，还包括与居住直接有关的其他生活设施和生产设施。它既是人们居住、生活、休息和进行各种社会活动的场所，也是人们进行生产的场所。一般可将聚落分为乡村和城市两大类。

● 乡村、城市与聚落

乡村是以农业活动和农业人口为主的聚落，规模较小。城市是以非农业人口为主的聚落，规模较大，是一定地域范围内的政治、经济、文化中心；随着原始畜牧业和农业先后起源，出现了人类社会的第一次大分工，人类开始进入乡村聚落阶段。第二次社会大分工促进了城市的出现，手工业和农业相分离，出现了以交换为目的的商品生产，形成了商品交易的场所，随着商品交换的发展，交易场所不断扩大，这种聚落就可能演变为城市。一般而言，城市是从乡村发展而成的。

● 城市等级

城市等级通常是以人口规模来划分的，不同的国家，由于疆域、人口、经济发展程度以及城市化水平不同，对城市人口规模的定义和等级划分不完全相同。但是，从小到大一般可以划分出集镇、城市、大城市、特大城市等。我国的设市城市，按市区和郊区非农业人口的规模大小分为4类：小城市，20万人口以下；中等城市，20万—50万人口；大城市，50万—100万人口；特大城市，100万人口以上。截至2008年底，我国设市城市已经达到655个，其中，特大城市122个，大城市118个，中等城市151个，小城市264个。建制镇已经达到了19234个。

● 地域结构模式

城市功能区在空间的分布与组合形成了不同的地域结构模式，具有代表性的有以下3种：同心圆模式，美国社会学家伯吉斯于1925年最早提出了这一理论。他认为，城市以不同功能的用地围绕单一的核心，有规则地向外扩展形成同心圆结构；扇形模式，美国土地学家霍伊特率先提出这一理论。他认为，城市的发展总是沿着交通干线或阻碍最小的路线呈扇形或楔形向外延伸；多核心模式，美国地理学家哈里斯和乌尔曼认为，城市是由若干不连续的地域所组成，这些地域分别围绕不同的核心而形成和发展。北京目前和今后的发展更倾向于多核心模式。中央商务区、中关村、金融街等具有明显聚集扩散效应的功能区，足以成为城市的区域核心。

● 城乡接合部

城乡接合部又称城市边缘地区，是兼具城市和乡村的土地利用性质的城市与乡村地区的过渡地带，这一概念最早由德国地理学家赫伯特·路易斯于1936年提出。城乡接合部之所以成为研究的新热点，是因为它既不同于单纯的城市社区，也不同于纯粹的农村区域，既有城市风貌，又具有乡村特点，城乡接合部胚胎于农业村庄的经济结构、价值观念、生活方式、人口素质和物质形态，但在城市化进程中经历着全方位向城市转化的过程，被城市同化和融合，处于一个从量变到质变的动态过程，城乡接合部不是一个固定的区域，而是一个不断变化的区域。

● 城市规划

城市规划是一定时期内城市发展的计划和各项建设的综合部署，是建设城市和管理城市的依据，以达到既合理利用城市土地，又保护城市环境的目的。在城市建设过程中，如何设计城市的布局、如何布置各种不同的功能区以保证城市居住和生产生活、有效地预防和解决城市化带来的问题，需要探求一个经济上合理、技术上先进的综合城市规划方案。

● 城市功能区

城市功能区是实现城市职能的载体，集中地反映了城市的特性，是现代城市存在的一种形式。城市的定位决定了城市的功能特性，城市的能级越高，对城市功能区的要求就越高。城市中各种物质要素按不同的功能进行分区布置，组成了一个相互联系的有机整体。各种功能区之间并无明确的界线，每种功能区以某种功能为主，可能兼有其他功能。城市中主要的功能区一般有商业区、工业区、住宅区、行政区等。

● 门槛人口

维持一家企业生存所需的最低人口数称为门槛人口。根据门槛人口的大小，可以划分出商品或服务的等级。油、盐、酱、醋等人们经常需要的商品，价格低，门槛人口低，为低级商品；而服装、手表、家电等商品，价格相对较高，人们不经常添置，需要的门槛人口相对比较高，为高级商品。因此，一家企业若要盈利，必须要有一定的人口数量作为保障，如果人口不能满足某种职能门槛人口的要求，这个城镇通常就不会拥有这种职能。

● 中心地

中心地是周围区域的中心，是指能够向周围区域的消费者提供各种商品和服务的地点。中心地可以是一个城市，也可以是一个镇或大的居民聚集点，也可以是一个商业或服务业的中心。理想的中心地服务范围有围绕中心地呈六边形分布的趋势，中心地位于中心位置。实际上，由于地形、人口密度和交通等原因，完全呈六边形分布的服务范围是不存在的，只有类似六边形的形态。从北京的商业网点布局来看，北京的商业中心近似由多个正六边形所构成。

● 城市化

城市化一般是人口向城市地区聚集和乡村地区转变为城市地区的过程。其主要表现有三点：一是城市数目增多；二是城市人口和用地规模不断扩大；三是城市人口占总人口的比重不断提高。20世纪70年代后，随着人们对环境质量要求的提高，以及周边城镇基础设施的逐步完善，世界上一些发达国家出现了一种与城市化过程相反的人口流动现象，这种现象就称为"逆城市化"现象。"逆城市化"是城市化发展到一定阶段派生出来的新潮流，是城市化的发展和继续。

● 文化景观

"文化景观"这一概念最早在19世纪末由德国地理学家提出，20世纪初得到学界响应并在一百年后逐渐得到西方发达国家和民众的普遍关注。1992年12月，世界遗产委员会在美国圣菲召开第十六届会议，决定将具有突出的普遍价值的文化景观纳入《世界遗产名录》。从此，文化景观成为文化遗产界的专有名词。我国的庐山、五台山、嵩山"天地之中"古建筑群分别于1996年12月、2009年6月、2010年8月被列入世界文化景观遗产名录。

● 文化区

在文化发展的过程中，每种文化事物都要扩大它的空间范围。文化事物、文化现象和文化体系覆盖的地区都可以称为文化区。文化区的范围有大有小，一个文化区的重要性与它的范围大小无必然联系；文化区边界有实有虚，甚至发生重叠；文化区不一定与自然区重合。

● 文化扩散

文化扩散实质上就是指文化的传播过程，是两种或两种以上的文化模式之间的互相渗透和交互影响。世界上任何文化区的形成都是文化从源地向外扩散的结果。它的主体是人，根据扩散过程中人的空间移动距离，可将文化扩散分为扩展扩散和迁移扩散。

● 文化源地

"文化源地"这一概念首先由美国地理学家索尔于20世纪20年代提出。文化源地通常指文化事物、文化现象和文化系统最初起源的地方。

中国地形

中国地形复杂多样,高原、山地、丘陵、盆地、平原5种基本地形都有分布,呈现出不同的自然景观。地势分布西高东低,呈三阶梯逐级下降。中国平原少,山地多,陆地高差悬殊,山地、高原和丘陵约占陆地面积的2/3,盆地和平原约占陆地面积的1/3。

● 三大阶梯

中国地势西高东低,大致呈三阶梯状分布。第一级阶梯是西南部的青藏高原,平均海拔4000米以上,号称"世界屋脊"。第二级阶梯由内蒙古高原、黄土高原、云贵高原和塔里木盆地、准噶尔盆地、四川盆地构成,平均海拔1000米至2000米。跨过第二级阶梯东缘的大兴安岭、太行山、巫山和雪峰山,向东直达海岸是第三级阶梯,大部分地区海拔在500米以下,主要为平原和丘陵。

● 构造地貌

构造地貌是由地球内力作用引起的地壳变动、岩浆活动等地质构造运动形成的。它的作用力主要是内力,因此又称内力地貌。所有大地貌单元,如大陆和海洋、山地和平原、高原和盆地,均为地壳变动直接造成。完全不受外力作用影响的地貌是罕见的,绝大多数构造地貌都经受了外力作用的雕琢。构造地貌分三个等级:第一级全球构造地貌,也称星体地貌,是大陆和海洋单元;第二级大地构造地貌,是山地和平原、高原和盆地等地貌单元;第三级地质构造地貌,是方山、单面山、断裂谷等小地貌单元。

● 丹霞地貌

丹霞地貌是发育在红色陆相碎屑沉积岩基础上，以"赤壁丹霞"为特征的一类地貌的总称。主要发育于侏罗纪至第三纪的水平或缓倾的红色地层中。丹霞地貌由地壳经过漫长的上升运动，岩层节理变化，雨水河流的冲刷而逐步形成，广泛分布在中国、美国西部、中欧和澳大利亚等地，以中国分布最广。截至2008年1月31日，中国已发现丹霞地貌790处，分布在26个省区。我国的丹霞山最为典型，是世界"丹霞地貌"的命名地，2004年，丹霞山世界地质公园已被联合国教科文组织批准为中国首批世界地质公园之一。

● 喀斯特地貌

"喀斯特"一词源自前南斯拉夫西北部伊斯特拉半岛碳酸盐岩高原的名称，意为"岩石裸露的地方"，因近代喀斯特研究发轫于此而得名。喀斯特地貌是具有溶蚀力的水对可溶性岩石进行溶蚀等作用所形成的地表和地下形态的总称，又称岩溶地貌。除溶蚀作用以外，还包括流水的冲蚀、潜蚀，以及坍陷等机械侵蚀过程。喀斯特地貌广泛分布于世界各地的可溶性岩石地区。在中国，主要分布在广西、贵州和云南等地。

● 雅丹地貌

20世纪初，发现于中国罗布泊地区，泛指干燥地区的一种特殊地貌类型。雅丹，原为"雅尔当"，维吾尔语意为"陡壁的小丘"。雅丹地貌的形成除内力作用和地质基础外，外力因素一般认为是盛行风和山地洪水流，并依不同的侵蚀作用分为3种类型：一类是以风力侵蚀为主形成的雅丹，分布在距山区较远的平原；一类是以水流侵蚀为主形成的雅丹，主要分布在邻近山地的地区；还有一类则是风和水共同作用形成的雅丹，分布于以上两类雅丹之间。中国的雅丹地貌面积约2万多平方千米，主要分布于青海柴达木盆地西北部，疏勒河中下游和新疆罗布泊周围。

● 黄土地貌

黄土是第四纪时期形成的陆相淡黄色粉砂质土状堆积物，在世界上分布相当广泛，占全球陆地面积的1/10，主要分布在南北半球中纬度的森林草原、草原和荒漠草原地带。在黄土堆积的过程中或堆积后，由于受到流水切割等其他地貌营力的作用，形成了一系列独特的地貌形态，由于其物质基础是黄土，所以称为黄土地貌，主要类型有黄土沟间地、黄土沟谷和黄土潜蚀。中国是世界上研究黄土地貌最早的国家，2000多年前就有涉及黄土地貌堆积过程的记载。中国也是世界上黄土分布最广、厚度最大的国家，黄土高原是世界上最典型的黄土地貌。

● 风成地貌

在沙漠地区风力活动十分活跃，成为塑造地表的主要营力。风成地貌就是风力对地表物质的吹蚀、搬运和堆积而形成的各种地貌形态。其中风力对地面吹蚀和磨蚀作用形成的地貌，称为风蚀地貌。碎屑物质经风力搬运和堆积，则形成风积地貌。我国风成地貌主要分布在西北、华北北部和东北西部的气候干旱少雨、风力强大而频繁的干旱区和半干旱区，西北内陆的巨大山间盆地或高原上的盆地内。世界各地风成地貌的分布都受气候控制，也称为干旱区（或干燥区）地貌。

● 山与山脉

山是陆地上具有高度和坡度的隆起地貌，高度一般高于500米，自上而下分为山顶、山坡和山麓3部分。山按照海拔高度可分为高山（大于3500米）、中山（1000—3500米）和低山（小于1000米）；山脉是沿一定方向延伸，包括若干条山岭和山谷组成的山地，因像脉状而称之为山脉。

● 中国山脉

中国是一个多山的国家,大小山脉纵横全国。它们分布有序,按一定方向排列,大致以东北—西南走向和东西走向的最多,西北—东南走向和南北走向的较少。东北—西南走向的山脉多分布在东部,主要有3列:最西列是大兴安岭—太行山—巫山—雪峰山、中间是长白山—武夷山、最东列是台湾山脉;东西走向的山脉主要有3列:最北列是天山—阴山、中间是昆仑山—秦岭、最南列是南岭;西北—东南走向的山脉多分布于西部,由北向南依次是:阿尔泰山、祁连山、巴颜喀拉山等;南北走向的山脉多分布于中部,主要有:贺兰山、六盘山、横断山脉等;弧形山系主要是喜马拉雅山脉,其主峰珠穆朗玛峰海拔8844.43米,为世界最高峰。

● 喜马拉雅山脉

喜马拉雅山脉是世界上最高大、雄伟的山脉,"喜马拉雅"藏语意为"冰雪之乡"。它位于我国西藏和巴基斯坦、印度、尼泊尔、不丹等国境内,主要部分在我国和尼泊尔交界处。喜马拉雅山脉是印度板块与亚欧板块碰撞的产物,由数条大致平行的支脉组成,呈弧形分布于青藏高原南缘。东西绵长2500千米,南北宽200—300千米,平均海拔6000米以上,全球14座8000米以上的高峰10座分布于此,主峰珠穆朗玛峰海拔8844.43米,为世界最高峰。山脉垂直自然带分布明显,南北两侧气候迥异,南坡气候温暖湿润,北坡气候高寒干燥。南北两坡地形、水文、生物、植被具有明显差异。

● 珠穆朗玛峰

珠穆朗玛峰位于中国和尼泊尔两国边界东段,北坡在中国西藏境内,南坡在尼泊尔境内,海拔8844.43米,是世界上最高的山峰,素有"地球之巅"之称。"珠穆朗玛"是佛经中女神名的藏语音译。珠峰山体呈巨型金字塔状,终年冰雪覆盖,峰顶最低温度常年在-40℃—-30℃。

山峰周围辐射状分布着许多山谷冰川，峰麓冰川前缘经常出现世界上发育最充分、保存最完好的冰川形态——冰塔林。珠峰地区气候恶劣，环境复杂，空气稀薄，含氧量仅为东部平原的1/4。1960年5月，我国登山队首次从北坡登顶珠峰。

● 天山山脉

天山山脉是中亚著名大山系，形成于震旦纪晚期，是世界干旱区域的多雨山地之一。天山山脉纬向横亘于新疆维吾尔自治区中部，东西长约1760千米，宽250—350千米。山地耸立于准噶尔与塔里木盆地之间，海拔多在4000米以上。位于西段的托木尔峰是天山山脉的最高峰，海拔7435.3米。天山山脉在欧亚大陆中心位置，具有鲜明的大陆性气候，以冬夏气温趋于极端为特征，不同地带的水热条件明显地反映在垂直系统中。天山山地水量丰富，年总径流量436亿立方米，是伊犁河与塔里木河等许多大河的源头。

● 阴山山脉

阴山蒙古语为"达兰喀喇"，意思为"70个黑山头"。阴山山脉是古老的断块山，横亘于内蒙古自治区中部，东段进入河北省北部，连绵1200多千米，南北宽50—100千米，是黄河流域的北部界线，也是中国季风与非季风区的北界。阴山最大特点便是南北不对称，南坡陡峭，北坡平缓。山脉平均海拔1500—2400米，主峰呼和巴什格海拔2364米。阴山南北气候差异显著，是草原与荒漠草原的分界线。南麓的雨水较为充沛，适宜发展农业。山区植被稀疏，仅在东段的阴坡有小片森林。中段和西段山地散布有大小不等的山地草场，历史上曾是重要的牧区。

● 昆仑山脉

昆仑山脉是中国西部山系的主干，古人称昆仑山为"万山之宗""龙脉之祖"。对昆仑山的大多记述都带有神奇的色彩。相传昆仑山的仙主是西王母，在众多古书中记载的"瑶池"便是昆仑河源头的黑海。昆仑山西起帕米尔高原东部，东到柴达木河上游谷地，北邻塔里木盆地与柴达木盆地，全长2500余千米，宽150—350千米，平均海拔5500—6000米，最高峰为海拔7719米的公格尔山。昆仑山是中国的大冰川区之一，冰川面积达到3000平方千米以上。北坡多河流，汇流于塔里木盆地和柴达木盆地的内流区域。

● 唐古拉山脉

唐古拉山位于西藏自治区东北部与青海省边境处，其东南部延伸接横断山脉的云岭和怒山，是长江和怒江的分水岭。唐古拉山藏语意为"高原上的山"，又称当拉山或当拉岭，在蒙古语中意为"雄鹰飞不过去的高山"。山峰海拔一般5500—6000米，宽150千米以上。主峰各拉丹冬雪山海拔6621米，是长江源头沱沱河的发源地。唐古拉山越岭地段曾是青藏铁路全线气候最恶劣、地质条件最差、施工难度最大的区段，其广泛分布的斜坡湿地及冻土地貌，具有冻胀、融沉作用强烈等特点。

● 冈底斯山脉

"冈底斯"藏语意为"众山之主"，属褶皱山脉，横贯西藏自治区西南部，与喜马拉雅山脉平行，呈西北—东南走向，西起喀喇昆仑山脉东南部的萨色尔山脊，东接念青唐古拉山脉，长1100千米，海拔约5500—6000米，主峰冈仁波齐峰，海拔6656米，是著名佛教圣山，为信众朝拜巡礼之地。冈底斯山脉是青藏高原南北重要地理界线，西藏印度洋外流水系与藏北内流水系的主要分水岭，对西藏地区的气候影响广泛。山脉南侧气候温凉干燥，以灌丛草原为主；北侧气候寒冷干燥，以高山草原为主。

● 祁连山脉

祁连山脉位于青海省东北部与甘肃省西部边境。这里原为古生代的大地槽，后经加里东运动和华力西运动，形成褶皱带，由多条西北—东南走向的平行山脉和宽谷组成，因位于河西走廊南侧，又名南山。祁连山山系西北高，东南低，绝大部分海拔3500—5000米，最高峰疏勒南山海拔5827米。祁连山具有典型的大陆性气候特征，山地东部气候较湿润，西部较干燥。山上冰川众多，蓄水量大，是当地发展农业的重要水源。此外，祁连山脉的林、矿资源也很丰富。

● 横断山脉

横断山脉位于第二阶梯与第一阶梯交界处，是四川、云南两省西部及西藏自治区东部南北走向山脉的总称，因横亘东西交通，故名"横断"。它是世界最年轻的山系之一，中国最长、最宽和最典型的南北向山系，唯一兼有太平洋和印度洋水系的地区。横断山脉气候受高空西风环流、印度洋和太平洋季风环流的影响，冬干夏雨，干湿季非常明显，有明显的垂直变化，具有热、温、寒3带景色。此外，由于横断山脉的交通困难，许多地方很少受外来影响，保存了许多少数民族的独特文化和未被破坏的自然景观。

● 武夷山脉

武夷山地处福建省与江西省的交界处，呈东北—西南走向，长约540千米，海拔1200多米，是东南沿海丘陵与江南丘陵的分界线，也是福建省闽江水系、汀江水系与江西鄱阳湖水系的天然分水岭。主峰黄冈山海拔2158米，号称"华东屋脊""武夷支柱"。武夷山具有独特的自然景观，以"丹霞地貌""碧水丹山"闻名于世。同时，武夷山也是久负盛名的全球性生物保护区。不仅如此，武夷山还是"古闽越""闽越族""朱子理学"等文化遗存的发源地。

● 梅里雪山

梅里雪山处于金沙江、澜沧江、怒江"三江并流"地区，是一座南北走向的庞大雪山群体，北段称梅里雪山，中段称太子雪山，南段称碧罗雪山，北连西藏阿冬格尼山，平均海拔6000米以上的高峰13座，称"太子十三峰"。主峰卡瓦格博峰海拔6740米，是云南的第一高峰，为藏传佛教宁玛派分支伽居巴的保护神，被誉为"雪山之神"，作为"藏区八大神山"之一享誉世界。梅里雪山气候变化异常，受季风影响较大，干湿季节分明，垂直气候带特征显著。

● 南迦巴瓦山

南迦巴瓦山位于西藏自治区米林县和墨脱县境内，喜马拉雅山和念青唐古拉山的相交处。"南迦巴瓦"藏语意为"直刺蓝天的战矛"，海拔7782米，是西藏东部最高和喜马拉雅山最东段的山峰，有"冰山之父"之称。南迦巴瓦山的三大坡壁都被冰雪切割成陡岩峭壁，峰谷中布满了巨大的冰川，隔雅鲁藏布江大峡谷与海拔7294米的加拉白垒峰和6024米的白里峰遥相呼应。受大峡谷水汽的影响，阳光与水汽作用，每日都会出现早晚"两头红"的奇景，如同一把燃烧着的火炬。

● 太行山

太行山又名五行山、王母山、女娲山，位于河北省与山西省交界地区，向南延伸至河南与山西交界地区。山脉北起北京西山，南至濒临黄河的王屋山，呈东北—西南走向，绵延400多千米，海拔1200多米，地势北高南低，东陡西缓。太行山是中国东部的一条重要地理界线，山以东为华北平原，是落叶阔叶林带。山以西为黄土高原，是森林草原地带和干草原地带。两侧的植被、土壤垂直带差异明显。山地对夏季风有明显阻滞作用，迎风坡降水较多，背风坡降水相对较少。此外，太行山东侧是我国地震活跃带之一。

● 秦岭

广义的秦岭是横贯中国中部的东西走向的古老褶皱断层山脉，被誉为"中国的龙脉"。山脉西起甘肃南部，经陕西南部到河南西部，主体位于陕西南部与四川北部交界处；狭义的秦岭则特指陕西境内的秦岭山脉中段。秦岭全长约1600千米，海拔一般2000—3000米，主峰太白山海拔3763米。秦岭是我国南北气候的分界线，岭南终年温暖潮湿，岭北干燥，冬季寒冷。同时也是长江流域与黄河流域的分水岭，北侧是肥沃的渭河平原，南侧是狭窄的汉水谷地。秦岭是我国中西部交界处最重要的动植物基因库，有我国特有的珍稀物种，如大熊猫、金丝猴、华山松等。

● 兴安岭

兴安岭位于黑龙江省北部，由大、小兴安岭组成，嫩江以西称大兴安岭，嫩江以东称小兴安岭。兴安岭北起黑龙江岸，南抵松花江岸和西拉木伦河上游，为我国古老山地之一，海拔300—1400米。大、小兴安岭山体相连，构成黑龙江省北部和东北部的天然屏障。气候属寒温带大陆性气候，其北段是我国北部最寒冷地区，冬季最低气温达-50℃左右。兴安岭地区是中国最大的林产区，生长着久享盛名的兴安落叶松、樟子松、白桦、云杉等。此外，这里矿藏、动物资源也极为丰富，是中国东北部的资源宝库。大兴安岭被誉为"绿色林海"，小兴安岭素有"红松故乡"之称。

● 长白山

长白山位于吉林省延边朝鲜族自治州安图县和白山市抚松县境内，是中、朝两国的界山，图们江、鸭绿江、松花江的发源地。长白山十六峰与天池碧水交相辉映，美不胜收。因其主峰常年冰雪覆盖而得名"长白山"，素有"千年积雪为年松，直上人间第一峰""关东第一山"之称。山脉海拔多在800—1500米，由中段向南、北逐渐降低。长白山白云峰海拔高度2691米，是中国东北部第一高峰，它的最高峰是位于朝鲜境内的将军峰，海拔2750米。长白山是一座休眠火山，曾有过喷发的经历，目前地壳相对稳定，无喷发的迹象。

● 贺兰山

贺兰山脉位于宁夏回族自治区与内蒙古自治区交界处，北起巴彦敖包，南至毛土坑敖包及青铜峡。蒙古语称"骏马"为"贺兰"，故名贺兰山。贺兰山脉近南北走向，绵延220多千米，宽约20—40千米，平均海拔2000—3000米，主峰敖包圪垯海拔3556米，是宁夏境内的最高峰。山体西侧地势和缓，东侧临银川平原。贺兰山植被垂直带变化明显，不仅是温带荒漠与温带荒漠草原的分界线，而且是西北内流区与外流区的分水岭。高耸的地形及良好的植被，对保护富庶的银川平原生态环境具有重要作用。

● 响沙湾

响沙湾与敦煌鸣沙山、沙坡头鸣沙山和巴里坤鸣沙山号称中国四大鸣沙。响沙湾蒙古语意为"带喇叭的沙丘"，位于内蒙古鄂尔多斯市达拉特旗南部，库布其沙漠东端，高110米，宽400米，面积约1.6万平方千米，背依库布齐沙漠，面临罕台大川，背风向阳坡地形呈月牙形分布，形成一个巨大的沙丘回音壁。其上没有任何植被覆盖，从沙丘顶部向下滑，会发出轰隆声，轻则如动物的叫声，重则轰鸣大作。关于响沙的成因众说纷纭，至今仍是一个谜团。

● 泰山

泰山位于山东省中部，古称岱山、岱宗，春秋时始称泰山。它与南岳衡山、北岳恒山、西岳华山、中岳嵩山并称五岳，因地处东部，故称东岳，号称五岳之首，古时被称为五岳之长、五岳独尊。地势北高南低、西高东低，占地426平方千米，主峰玉皇顶海拔1533米，气势雄伟。风景名胜有天柱峰、日观峰、普照寺、望人松、龙潭飞瀑等。千百年来，历代君主都在泰山筑土为坛，封禅告祭。孔子在此留下"登泰山而小天下"的赞叹，杜甫则留下了"会当凌绝顶，一览众山小"的千古绝唱。

● 华山

华山位于陕西省华阴，北临渭河平原和黄河，南依秦岭，是秦岭支脉分水脊北侧的一座花岗岩山。华山名字的来源说法很多，一般来说，同华山像一朵莲是分不开的。华山由5座海拔2000米以上的山峰组成，南峰即落雁峰是其主峰，海拔2055米。明朝人袁宏道在《华山记》中记述南峰时说："如人危坐而引双膝。"华山以雄险著称，有"自古华山一条路""奇险天下第一山"的说法。"自古华山不纳粮，皇帝老子管不着""沉香劈山救母""玉女峰"等故事，给雄险的华山更增添了诱人的文化色彩。

● 恒山

恒山，人称北岳，也叫常山、太恒山，位于山西省浑源县，主峰天峰岭海拔2017米，被称为"塞外第一山"。恒山源在阴山，发脉于管涔山，是海河支流桑干河与滹沱河的分水岭。山体东西绵延150千米，横跨山西、河北两省，号称有108峰，东连太行山，西跨雁门关，南障三晋，北瞰云、代二州，莽莽苍苍，气势雄伟。五岳中仅次于泰山，有"天下第二山"之称。恒山美妙绝伦，悬空寺等"十八景"世人称奇。恒山道教活动历史悠久，相传，八仙之一的张果老就是在恒山隐居潜修。

● 衡山

南岳衡山位于湖南省衡阳市，由于气候条件较其他四山好，处处茂林修竹，终年翠绿，故有"南岳独秀"的美称。清人魏源在《衡岳吟》中说："恒山如行，岱山如坐，华山如立，嵩山如卧，唯有南岳独如飞。""如飞"精妙地描述了衡山的飘逸。衡山由长沙岳麓山、衡阳回雁峰等72座山峰组成，祝融峰海拔1290米，在烟云的烘托和群峰的叠衬下，构成了"万丈祝融拔地起，欲见不见轻烟里"的壮美图画。衡山宗教文化源远流长，南岳大庙是中国南方和五岳中最大的古建筑群，有"江南第一庙""南国故宫"之说。这里众多的秀美景色和文化积淀，宛如一个山水与人文完美交融的露天博物馆。

● 嵩山

中岳嵩山位于河南省登封市，古名"外方""嵩高"。它东西横卧，绵延近百千米，主峰峻极峰海拔1492米。嵩山儒释道三教汇集，历史文化悠久，历代帝王将相在这里封禅祭祀，文人学士在这里游宴讲学，仰韶文化、三皇五帝、夏都阳城在这里都有遗址。山上名胜古迹众多，被誉为"文物荟萃宝地"。嵩山还是中国的禅宗发源地，少林寺堪称中国最富传奇色彩的古老寺院。除了久负盛名的人文景观，嵩山也有引人入胜的"嵩山八景"：嵩门待月、轩辕早行、颍水春耕、箕阴避暑、石淙会饮、玉溪垂钓、少室晴雪、卢崖瀑布。

● 黄山

黄山位于安徽省南部，黄山山脉中段，南北长约40千米，面积1200平方千米，群峰林立，有大小72峰。主峰莲花峰海拔1873米，不仅有泰山之雄伟，华山之峻峭，衡山之烟云，峨眉之清凉，庐山之飞瀑，还有奇松、怪石、云海和温泉"四绝"。遍历中国名山大川的徐霞客曾感叹"五岳归来不看山，黄山归来不看岳"。不仅如此，黄山文化底蕴丰富，是中国三大区域文化（藏学、敦煌学、徽学）之一，涵盖了哲、经、史、医、科、艺诸多领域。古桥、古塔、古亭阁、古宗祠、古牌坊，犹如一座天然的历史博物馆。

● 庐山

庐山地处江西省北部，北靠长江，东南临鄱阳湖，呈东北—西南走向，主峰大汉阳峰海拔1474米，面积280平方千米，以雄、奇、险、秀闻名于世，素有"匡庐奇秀甲天下"之称。由于庐山飞峙于江湖之上，水汽郁结，降水丰富，故四季多云雾和瀑布。绝壁、云海、瀑布为庐山"三绝"。"春如梦、夏如滴、秋如醉、冬如玉"，构成一幅立体天然山水画。庐山是中华文明的发祥地之一。佛道文化、白鹿洞书院、无数文人脍炙人口的篇章，以其独特的方式融汇在大自然奇景之中，与中华民族精神融为一体。

● 齐云山

齐云山位于安徽省休宁县城西约15千米处，古称白岳，与黄山南北相望，以山奇、水秀、石怪、洞幽和奇特的丹霞地貌著称，素有"黄山白岳甲江南"之誉，因其"一石插天，与云并齐"而得名。乾隆帝称之为"天下无双胜景，江南第一名山"。齐云山峰峦怪谲，多为圆锥体，海拔仅585米，有36奇峰、72怪岩、24飞涧，与河、湖、泉、潭、瀑构成了一幅山清水秀、峭拔明丽的自然图画。这里道教历史悠久，与武当山、龙虎山、青城山并称为四大道教名山，被称为"江南小武当"。

● 龙虎山

龙虎山位于江西省贵溪市，原名云锦山，山峰绵延数十里，由红色砂砾岩构成，是典型的丹霞地貌。景区有99峰、24岩、108处自然和人文景观，20多处神井丹池和流泉飞瀑。在河岸峭壁上有春秋战国时期古越族崖墓百余座。龙虎山东部的象山有南宋大理学家陆九渊的象山书院遗址。龙虎山是中国道教发祥地、中国道教四大名山之一，在中国道教史上有着承先启后、继往开来的地位和作用。

● 武当山

武当山又名太和山，位于湖北省十堰市丹江口，属大巴山东段，绵延400余千米，主峰天柱峰海拔1612米，四周群峰均向主峰倾斜，如顶礼膜拜一般。武当山是中国四大道教名山之一，相传道教信奉的"真武大帝"即在此修仙得道。武学宗师张三丰创立的武当派与嵩山少林派齐名，素有"北崇少林，南尊武当"之说。武当山宁静悠远、清秀奇异，被赞为"七十二峰接天青，二十四涧水长鸣"。这里的古建筑群规模宏大，历代皇帝都在此筑土为坛。现存较完好的古建筑有129处，庙房1182间，珍贵文物7400多件，尤以道教文物著称于世，被誉为"道教文物宝库"。

● 青城山

青城山古称丈人山，为邛崃山脉的分支，位于四川省都江堰市，距都江堰水利工程西南10千米处。它背靠岷江，俯瞰成都平原，主峰老霄顶海拔1600多米，因其山形如城，终年青翠而得名"青城"。青城山与剑门之险、峨嵋之秀、夔门之雄齐名，有"青城天下幽"的美誉。青城山是中国道教四大名山之一。相传，道教创始人张道陵曾来此设坛布道，自此道教宫观逐渐兴起。位于海拔1200米处的上清宫，可以观日出、云海、圣灯三大自然奇观。

● 五台山

五台山与峨眉山、九华山、普陀山并称中国佛教四大名山，与蓝毗尼花园、鹿野苑、菩提伽耶、拘尸那迦并称为世界五大佛教圣地。五台山属恒山的西南余脉，位于山西省五台县，有东、南、西、北、中5个台顶，故名"五台"。五峰之外称台外，五峰之内称台内，其中北台最高，海拔3058米，有"华北屋脊"之称。五台山是中国佛教建筑最早的地方之一。相传是文殊菩萨传道的场所，历代君主在这里广建寺院，传扬佛教文化。这里现存有珍贵文物上千件，是中国古建筑、雕塑、绘画的艺术瑰宝。

● 峨眉山

峨眉山又称大光明山，佛教四大名山之一，位于四川省峨眉山市，四川盆地西南部，由大峨、二峨、三峨、四峨组成。据说，因大峨山、二峨山相对如峨眉，故称峨眉山。主峰万佛顶海拔3099米，地势陡峭，风景秀丽，有"秀甲天下"之称。金顶是峨眉山的象征，在金顶可欣赏日出、云海、佛光和圣灯四大奇景。峨眉山生态环境良好，宗教文化历史悠久，相传是普贤菩萨显灵和讲经说法之地，汉晋时期佛教已极为盛行，至今在中国乃至世界仍影响深远。

● 九华山

九华山古称陵阳山、九子山，佛教四大名山之一，位于安徽省青阳县城西南，是以佛教文化、自然与人文胜景为特色的国家级风景名胜区。九华山怪石林立，共有大小山峰99座，以天台、十王、莲花、天柱等9座最雄伟，9座山峰似9朵莲花，各具神韵。连绵的山峰形成天然睡佛，自然景观与佛教文化浑然天成，有"莲花佛国""东南第一山"的美誉。九华山佛教历史悠久，文化底蕴深厚，相传是地藏王菩萨道场，山内现存寺庙78座，佛像6000余尊，文物2000多件，历代名人诗词歌赋500多篇，书院、书堂遗址20多处，唐代贝叶经、明代大藏经、血经，明万历皇帝圣旨和清康熙、乾隆墨迹等堪称稀世珍宝。

● 普陀山

浙江普陀山位于钱塘江口、舟山群岛东南部海域，佛教四大名山之一，其形似苍龙卧海，面积近13平方千米，与舟山群岛的沈家门隔海相望。最高峰佛顶山海拔292米，大海环抱，金沙绵亘，景色迷人。著名景点如潮音洞、梵音洞、磐陀石、百步沙、普济寺、慧济寺、南海观音、大乘庵等。相传普陀山是观世音菩萨教化众生的道场，其宗教活动可溯于秦朝，经历代兴建，寺院林立，佛事频繁。普陀山既有悠久的佛教文化，又有秀美的海岛风光，被称为"海天佛国""人间第一清静境"。

● 雁荡山

雁荡山又名雁岩、雁山，位于浙江省乐清市，因山顶有湖，南归秋雁多宿于此而得名。山峰绵延数百千米，可分为北雁荡、中雁荡、南雁荡，通常所说的雁荡山是指北雁荡山。因山水奇秀闻名天下，素称"海上名山""寰中绝胜""东南第一山"。其中奇峰、瀑布，七大景区，总面积逾450平方千米，以东南部的灵峰、灵岩、大龙湫最为有名，被称为"雁荡三绝"。由于雁荡山处在古火山频繁活动地带，山体呈现出独具特色的峰、柱、墩、洞、壁等奇岩怪石，称得上是一个造型地貌博物馆。

● 贡嘎山

贡嘎山是大雪山的主峰，位于四川省康定以南，青藏高原东部边缘，大渡河与雅砻江之间。"贡嘎山"藏语意为"最高的雪山"，山体南北长约60千米，东西宽约30千米，海拔7556米，是四川省最高的山峰，被称为"蜀山之王"。主峰周围林立着145座海拔5000米以上的冰峰，形成了群峰簇拥的宏伟景象。由于既受青藏高原气候影响，又受东南、西南季风影响，季风气候显著，干湿季分明。它拥有完整的山地垂直带谱，动植物群落丰富，已查明的动植物种有4000多种。

● 玉山山脉

玉山山脉位于中国台湾省中部，和中央山脉平行，北端与雪山山脉相连，南至屏东平原，全长约120千米，主峰玉山海拔3997米，不仅为台湾岛最高峰，也为中国东南部最高峰。玉山是一座耸入云霄的高峰，因其峰顶冬季积雪远望如玉而得名。其垂直气候带明显，从山麓到山顶，呈现出热带、亚热带、温带、寒带等不同植被景观。这里降水量丰沛，年均降水3218毫米，风速随高度而增加。据地质学家研究，玉山山脉是第三纪隆起的高山，是我国最年轻的山脉之一。

● 阿里山

阿里山位于台湾省南投县与嘉义县境内，距离嘉义县75千米处，为玉山山脉的一支。它由地跨南投、嘉义二县的大武峦山、尖山、塔山等18座山峰组成，主峰塔山海拔2663米，山势巍峨壮丽。高山铁路、森林、日出、云海、晚霞、神木、石猴可谓是阿里山的七大奇观。阿里山气候温和，四季相差不大，年平均气温为10.6℃，在冬季最寒冷之日亦可达-3℃。阿里山还是台湾重要林场，可分为热带林、温带林、寒带林3个林带，有"森林宝库"之称。

● 火山

"火山"一词原特指利帕里群岛上的武尔卡诺火山，后成为火山的代名词。它是地下深处的高温岩浆及其有关的气体、碎屑从地壳薄弱的地段冲出地表而形成的、具有特殊形态的地质结构。根据活动情况，可以分为死火山、活火山、休眠火山3类，各类型火山之间没有严格的界限。休眠火山可以复苏，死火山也可以复活，活火山也可以沉寂。在中国，火山主要分布在东北地区、内蒙古及晋冀二省北部、雷州半岛及海南岛、云南腾冲、藏北高原、台湾地区、太行山东麓及华北平原等地。

● 火山灰

火山灰就是火山喷爆发时喷出的细微火山碎屑物。由岩石、矿物、火山玻璃碎片组成，其中极细微的火山灰称为火山尘，直径小于0.1毫米，成分主要是氧化硅和氧化铝。由于碎屑物喷出后即遭急冷，因此，含有一定量的玻璃体，这些玻璃体是火山灰活性的主要来源。在火山的固态及液态喷出物中，火山灰的量最多，分布最广，呈深灰、黄、白等色。火山灰坚硬且不溶于水，堆积压紧后成为凝灰岩。

● 火山喷发

火山喷发是一种奇特的地质现象和地壳运动形式，是岩浆等喷出物在短时间内从火山口向地表的释放。由于岩浆中含大量挥发分，加之上覆岩层的围压，使这些挥发分溶解在岩浆中无法溢出，当岩浆上升靠近地表时，压力减小，挥发分急剧被释放出来，于是形成火山喷发。按岩浆的通道火山喷发可分为两类：一类是裂隙式喷发，又称冰岛型火山喷发；另一类是中心式喷发。火山活动能喷出熔岩、火山岩屑、火山气体等多种物质，还常喷射出可见或不可见的光、电、磁、声和放射性物质等，这些物质有时能置人于死地，或使电、仪表等失灵，飞机、轮船等失事。

● 镜泊湖火山

镜泊湖火山地处黑龙江镜泊湖西北约50千米，在张广才岭海拔1000米的深山区，是一座爆发的休眠火山。火山活动约发生在2000—3000年以前，现可以见到13个保存完好的火山口，主要是由火山弹、岩饼、火山渣、浮岩、火山砾、火山砂等火山碎屑岩和熔岩组成的火山锥体。熔岩分布于火山口周围，大量充填于河谷，阻塞了牡丹江，形成了我国最大的火山堰塞湖——镜泊湖。这些火山与镜泊湖共同组成了我国著名的火山熔岩风光。

● 长白山天池火山

长白山天池火山是目前中国保存最为完整的新生代、多成因复合火山。它是一座休眠火山，历史上有过数次火山喷发的经历，据史料记载，1199—1201年天池火山大喷发是全球近2000年来最大的一次喷发事件之一，当时喷出的火山灰降落到远至日本海及日本北部。长白山火山最近一次喷发在1702年，距今已300多年。由于16世纪以来的3次大规模火山喷发，火山口处变成盆状，积水成湖，形成了面积9.82平方千米的长白山天池，它是我国最大、最深的火山口湖。

● 腾冲火山

腾冲火山区是我国保存完好、形态典型的死火山群，位于云南省西南边陲。从第三纪中后期到第四纪曾连续有过数次喷发的经历。火山区有新生代火山锥97座，温泉139处。东南部的火山锥较老，西北部的火山锥相对较新。由于处在欧亚大陆板块边缘，这里地震活动也较频繁。腾冲集火山、地热、温泉、地震活动为一体，在世界上极为罕见。腾冲县城西南20千米处，有较大的汽泉、温泉、热泉、沸泉百余处，其中一些温泉的水温达90℃以上，人称"腾冲热海"。

平原

平原是地面宽广低平，切割微弱，略有起伏的地形。海拔多在500米以下，0—200米为低平原，200—500米为高平原。它以较低的高度区别于高原，以较小的起伏区别于丘陵。世界上平原的总面积约占全球陆地面积的1/4。按形成原因，平原可分为侵蚀平原和堆积平原：侵蚀平原因风蚀、水蚀、海蚀、冰蚀等外力作用而形成，起伏较大；堆积平原是经沉积作用而形成，地势较平坦。平原区面积广大，土地肥沃，水陆发达，一般是经济、文化的发源地。东北平原、华北平原、长江中下游平原被称为中国三大平原。

冲积平原

冲积平原是河流受构造运动、地形和人为因素等影响，导致泥沙大量进入低地堆积而成的平原地貌，一般位于河流下游。根据形成部位可以分为：山前平原、中部平原和滨海平原；根据形状可以分为：冲积扇平原、泛滥平原和三角洲平原。

冲积扇与洪积扇

冲积扇是河流出山口处的扇形堆积体。当河流流出谷口时，摆脱了侧向约束，其携带物质铺散沉积下来。冲积扇平面上呈扇形，扇顶伸向谷口，立体上大致呈半埋藏的锥形，在干旱、半干旱地区发育最好；洪积扇是干旱、半干旱地区暂时性山地水流出山口堆积形成的扇形地貌。洪积扇由山口向山前倾斜，扇面上水系不发育，组成洪积扇的物质较粗大，磨圆度差，层理不明显，透水性较强。

● 东北平原

东北平原又称松辽平原、关东平原，地处大兴安岭、小兴安岭和长白山脉之间，南北长约1000多千米，东西宽约400千米，大部分海拔在200米以下，面积达35万平方千米，是中国面积最大、地势最高的平原。主要由三江平原、松嫩平原和辽河平原3部分组成。山岭外侧被额尔古纳河、黑龙江干流、乌苏里江、图们江和鸭绿江所环绕，有山环水绕、沃野千里之美。东北平原处于温带和暖温带范围，有大陆性和季风性气候特征。夏季短促而温暖多雨，冬季漫长而寒冷少雪，冬夏季风交替。

● 华北平原

华北平原主要由黄河、淮河、海河、滦河冲积而成，故又称黄淮海平原，西起太行山和伏牛山，东到黄海、渤海和山东丘陵，北依燕山，南至大别山区一线与长江流域分界，跨越河北、山东、河南、安徽、江苏、北京、天津等省市。华北平原地势低平，海拔多50米以下，面积30多万平方千米，是中国第二大平原。黄河横贯中部，将其分成黄淮平原、海河平原南北两部分。华北平原属暖温带季风气候，四季变化明显。南部淮河流域处于向亚热带过渡地区，气温和降水量都比北部高。该地区土质肥沃，是中国重要的粮、棉、油生产基地，素有"麦仓""棉海"之称。

● 长江中下游平原

长江中下游平原是中国三大平原之一，位于湖北宜昌以东的长江中下游沿岸，由两湖平原、鄱阳湖平原、苏皖沿江平原、里下河平原和长江三角洲平原组成，属典型的冲积平原。地势低平，海拔大多50米以下，面积约20万平方千米。平原上河网纵横，湖泊密布，是中国湖泊最多的地方，其中较大的湖泊就有1300多个，有"水乡泽国"之称。这里是中国重要的商品粮、棉、油生产基地，也是我国经济较发达、人口较密集的地区。气候上属于亚热带季风气候，夏季高温多雨，冬季温和少雨，雨热同期。

● 成都平原

成都平原位于四川盆地西部，又称川西平原，因成都位于平原中央而得名。广义的成都平原，包括北部的绵阳、江油、安县间的涪江冲积平原，中部的岷江、沱江冲积平原，南部的青衣江、大渡河冲积平原等，总面积2.3万平方千米；狭义的成都平原仅指以灌县、绵竹、罗江、金堂、新津、邛崃6地为边界的岷江、沱江冲积平原，面积8000平方千米，是构成成都平原的主体部分。成都平原土壤结构良好，属亚热带湿润季风气候区，农业发达，被誉为"天府之国"。

● 宁夏平原

宁夏平原又称银川平原，位于宁夏回族自治区中部黄河两岸。北起石咀山，南至黄土高原，东到鄂尔多斯高原，西接贺兰山，地势南高北低，南北长约320千米，东西宽约10—50千米，总面积达1.7万平方千米。它由黄河冲击而成，地势平坦，土层深厚，水量充沛，农业自然资源搭配良好，盛产水稻、小麦、瓜果等，素有"塞上江南"的美称。宁夏平原属温带大陆性气候，昼夜温差大，雨期集中在夏季。"蓝蓝的天上白云飘，白云下面马儿跑"是宁夏天气和风情的真切写照。

● 河套平原

河套平原位于阴山以南、鄂尔多斯高原以北，东起呼和浩特以东，西至巴彦高勒，东西长约300千米，南北宽约30—40千米，大致呈"几"字形。河套平原主要由黄河上游河水冲击而成，地势西南高，东北低，海拔多在1000米左右。河套平原地势平坦，水网纵横，农业灌溉发达，被誉为"塞上江南"。

● 三角洲

三角洲是流入海洋或湖泊的河水因流速减低，所携带的泥沙大量沉积而形成的冲积平原，又称河口平原。从平面上看像三角形，顶部指向上游，底边为其外缘，所以叫三角洲。开始时，三角洲的堆积体只是浅滩，逐渐形成三角洲，最后形成低平的陆地，与泛滥平原联结在一起。

● 长江三角洲

长江三角洲是中国和世界著名的河口三角洲之一，地处我国东部沿海地区长江入海口，是长江和钱塘江在入海处冲积成的三角洲。它包括江苏省东南部和上海市，浙江省东北部，是长江中下游平原的一部分，面积约5万平方千米。在经济上，指以上海为龙头的江苏、浙江经济带。这里是我国目前经济发展速度最快、经济总量规模最大、最具有发展潜力的经济带，同时也是我国人口稠密地区之一，每平方千米达900人以上。长江三角洲属亚热带季风气候区，夏季高温多雨，雨热同期。

● 黄河三角洲

黄河三角洲位于渤海南部，黄河入海口沿岸地区，是黄河在历次淤积、摆动、改道过程中形成的扇形地带。它以山东省东营市垦利县宁海为轴点，北起套尔河口，南至淄脉河口，向东扇状撒开，面积达5450平方千米。黄河三角洲土地资源优势突出，地理区位条件优越，产业发展基础较好，具有发展高效生态经济的良好条件。黄河三角洲属温带季风大陆性气候，四季分明，雨热同期，生态系统类型独特，湿地生物资源极为丰富。

● 珠江三角洲

珠江三角洲位于广东省东部沿海，是西江、北江和东江冲积成的3

个小三角洲的总称，呈倒置三角形，面积约1.13万平方千米，是我国人口最密集的地区之一。广义的珠江三角洲分别以高要、清远、惠阳为顶点；狭义的珠江三角洲，西起三水，东至石龙，南至崖门，是一个发育在海湾内的丘陵性三角洲，海拔50余米，山丘散布，河道纵横，蔗甜鱼肥，桑嫩蚕壮，终年温暖湿润，有"鱼米之乡""桑蚕之乡""蔗糖之乡"和"果蔬花木之乡"的美誉。

● 高原

高原是指海拔超过1000米，面积较大，地形开阔，周边以明显的陡坡为界，比较完整的大面积隆起地区。它以海拔较高区别于平原，以完整的大面积隆起区别于山地，素有"大地的舞台"之称。按其形态可分3类：一种是顶面较平坦的高原，如内蒙古高原；一种是起伏较大、顶面宽广的高原，如青藏高原；一种是分割高原，如云贵高原。高原海拔较高，气压低，含氧量少，利用这一低温缺氧的环境，能提高人体的耐力。青藏高原、内蒙古高原、黄土高原和云贵高原被称为中国四大高原。

● 青藏高原

青藏高原是中国最大、世界最高的高原，位于中国的西南部，面积约250万平方千米，约占中国陆地总面积的1/4，平均海拔4000米以上，素有"世界屋脊""世界第三极"之称。它是世界上最年轻的高原之一，因印度板块与欧亚板块碰撞后俯冲于后者之下而迅速隆起。在其周围还有许多呈西北—东南走向的山脉，亚洲许多主要河流的源头都在这里。青藏高原虽地处中低纬度，但因其地势高、地形特殊，形成了独特的高原气候，降水稀少，地高天寒。

● 内蒙古高原

内蒙古高原位于内蒙古自治区境内，面积约34万平方千米，是中国的第二大高原。平均海拔1000—1200米，地势南高北低，北部形成东西向低地。内蒙古高原戈壁、沙漠、沙地依次从西北向东南略呈弧形分布：西北部边缘为砾质戈壁，东南为砂质戈壁，中部和东南部为伏沙和明沙。内蒙古高原气候十分干燥，沙漠分布面积约占全国沙漠总面积的37.8%。高原上既有碧野千里的草原，也有沙浪滚滚的沙漠，是中国天然牧场和沙漠分布地区之一。

● 黄土高原

黄土高原地处太行山以西，祁连山以东，长城以南，秦岭以北，面积约40万平方千米，平均海拔1000—2000米，黄土分布占世界分布的70%。黄土高原除少数石质山地外，多被黄土层覆盖，在雨水和流水冲刷下支离破碎，沟壑纵横，水土流失严重。高原区属暖温带半湿润气候区向暖温带半干旱、干旱气候过渡带，雨量稀少，年较差大，日光充足。高原上河流众多，以黄河为主干，有渭河、汾河等200多条。黄土高原是中华民族的母亲河，中华文明的发源地，有大量的古代文化遗址，文化积淀非常丰富。

● 云贵高原

云贵高原地处我国西南部，由云南高原与贵州高原组成，地跨云南省东部、贵州省全省、广西壮族自治区西北部，以及四川、重庆、湖北、湖南等省部分地区，面积40多万平方千米，平均海拔1000—2000米，地势西北高东南低。由于石灰岩溶蚀地貌广布，加之河流切割，高原地貌崎岖、破碎、复杂多样。云贵高原属亚热带湿润区，但由于海拔高度、地形、大气环流条件不同，气候差别显著。

● 呼伦贝尔草原

呼伦贝尔草原位于内蒙古呼伦贝尔市，因有呼伦湖和贝尔湖而得名。地势东高西低，海拔在650—700米，总面积约9.3万平方千米，是世界三大草原之一，也是世界上最优质的草原，割下来的草远销东南亚。这里盛产著名的三河马和三河牛。气候上属寒温带和中温带大陆性季风气候，年平均气温-5℃—2℃。大草原地域辽阔，风光秀丽，水草丰茂，以其富饶的自然资源孕育了中国北方诸多游牧民族，被誉为"中国北方游牧民族成长的摇篮"。

● 锡林郭勒草原

锡林郭勒草原位于内蒙古自治区锡林浩特市境内，面积20.3万平方千米，是内蒙古高原的一部分。地势由东南向西北倾斜，东南部多低山丘陵，盆地错落，西北部地形平坦，有低山丘陵和熔岩台地分布。锡林郭勒草原类型完整，地上植物达1200多种，是被联合国教科文组织列为"国际生物圈网络"的国家级草原自然保护区。气候上属中温带半干旱、干旱大陆性季风气候，四季分明。锡林郭勒以古朴的蒙古族风情、众多的文物古迹、悠久的历史文化成为我国北方具有浓郁民族特色的草原旅游区。

● 河西走廊

河西走廊位于甘肃省西北部，祁连山以北，合黎山、龙首山以南，乌鞘岭以西。它因位于黄河以西，为两山夹峙，因而得名，东西长约1000千米，南北宽数十千米，海拔约1500米，内部起伏较大，有许多丘陵、山地，另有许多绿洲分布。河西走廊古代是通往西域的咽喉要道，汉唐开始成为"丝绸之路"一部分，目前仍为沟通中国东部和新疆的干道。气候属大陆性干旱气候，许多地方年降水不足200毫米，但祁连山融水补给丰富，使之成为西北地区最主要的农业地带。

● 盆地

盆地是指陆地上四周高、中间低的盆状地形。一般四周是山地或高原，中部是平原或丘陵。按照盆地的成因可以将其分为构造盆地和侵蚀盆地。构造盆地主要因地壳运动形成，形态和分布受构造控制，大型盆地几乎都是构造盆地，如柴达木盆地、吐鲁番盆地、准噶尔盆地等；侵蚀盆地因各种外力侵蚀作用形成，一般面积较小，低平宽浅。塔里木盆地、准噶尔盆地、柴达木盆地和四川盆地被称为中国四大盆地。

● 塔里木盆地

塔里木盆地是中国最大的盆地，位于新疆南部，西起帕米尔高原，东至甘肃、新疆边境，东西长约1400千米，南北最宽处约500千米，面积40多万平方千米，平均海拔约1000米。整个盆地呈环状结构，从盆地边缘到中心，依次为戈壁、冲积扇和沙丘。河流从高山下注形成许多绿洲，成为我国重要的粮食、棉和蚕丝产区。塔里木盆地深居内陆，山高水远，气候干旱，昼夜温差和季节变化很大，是典型的大陆性荒漠气候。人们常用"早穿皮袄午穿纱，怀抱火炉吃西瓜"来形容这里的气候特点。

● 准噶尔盆地

准噶尔盆地为中国第二大盆地，位于新疆的北部，天山与阿尔泰山之间，呈不规则三角形，地势向西倾斜，北部略高于南部，海拔500—1000米，面积18万平方千米。它的西侧有几处缺口，西风气流为盆地及周围山地带来降水。盆地内既有沙漠也有平原：沙漠多为固定或半固定沙丘，面积较小；平原地区为主要农业区，北部有大片风蚀洼地分布。准噶尔盆地属温带半荒漠气候，年平均气温3℃—7.5℃，东部为寒潮通道，冬季是中国同纬度最冷地区。盆地内绿洲较少，主要分布在天山北侧，那里草场优良，畜牧业发达。克拉玛依、独山子的石油工业在全国具有重要意义。

● 柴达木盆地

柴达木盆地是中国海拔最高的盆地，位于青海省西北部，青藏高原的北部边缘，为阿尔金山、祁连山和昆仑山所环绕，东西长850千米，南北宽300千米，面积约25万平方千米，海拔约2600—3100米。地势西高东低，西宽东窄，呈不规则菱形状。在这个巨大的山间盆地内，地形结构从边缘至中心依次为戈壁、丘陵、平原、湖泊。这里还有中国境内规模最大的雅丹地貌群。气候上属大陆性干旱气候，气温较低。盆地内矿产资源丰富，除煤炭、石油、铅、锌等矿藏外，还有世界上面积最大的盐湖——察尔汗盐湖，因此柴达木盆地被称作"聚宝盆"。

● 四川盆地

四川盆地是中国四大盆地之一，位于四川东部，巫山、大巴山、横断山、大娄山之间，因是中国中生代陆相红层分布最集中的地区，广布紫色砂页岩，因此有"红色盆地"和"紫色盆地"之称。盆地东西长380—430千米，南北宽300多千米，面积约18万平方千米，地势北高南低，海拔300—700米。边缘多低山和中山，地表崎岖，历史上就有"蜀道难，难于上青天"之说。河流大多呈"V"型谷，汇聚到盆地底部的长江干流，形成向心状水系。四川盆地属亚热带季风气候，冬季温和，夏季湿热，农产品十分丰富。

● 吐鲁番盆地

吐鲁番盆地位于新疆维吾尔自治区东部，天山山脉东南，面积约5万平方千米。"吐鲁番"是维吾尔语"低地"的意思，它是一个典型的地堑盆地，也是我国地势最低的地方，低于海平面的陆地和水面约4000平方千米。位于"盆底"的艾丁湖低于海平面154米，是中国陆地的最低点。吐鲁番盆地属大陆荒漠气候，干旱炎热，夏季最高气温近50℃，自古有"火洲"之称。这里也是有名的"风库"，达坂城的春季风暴达每秒50米。吐鲁番盆地盛产瓜果，以白葡萄和哈密瓜最为闻名，这里的葡萄被誉为"中国的绿珍珠"。

● 丘陵

丘陵是一种介于山地与平原之间的地貌类型，由连绵不断的低矮山丘组成，起伏不大，坡度较缓，海拔一般在200米以上、500米以下。丘陵多分布在山地或高原与平原的过渡地带，是山地向平原过渡的中间地区。丘陵地区降水量较充沛，适合多种作物和经济树木生长。中国是一个多丘陵的国家，总面积100多万平方千米，占国土面积1/10以上。辽东丘陵、山东丘陵和东南丘陵被称为中国三大丘陵。

● 辽东丘陵

辽东丘陵位于辽宁省东南部，地处辽东半岛，由长白山脉的延续部分及千山山脉组成，自东北向西南延伸，面积约3.35万平方千米，地势北高南低，平均海拔约500米。在长期流水作用切割下，地形比较支离破碎。在地质历史时期，辽东丘陵和山东丘陵曾连接在一起，后由于渤海湾的沉降作用而分开。气候上辽东丘陵受海洋季风影响显著，气候温和湿润，年平均气温8℃—10℃，平均降水600—1000毫米。辽东丘陵盛产苹果，素有"苹果之乡"的美誉。

● 山东丘陵

山东丘陵位于山东省中部和东部，黄河以南，大部分在山东半岛上，是由古老的结晶岩组成的断块低山丘陵，除泰山、崂山、沂山等海拔在1000米以上，大多海拔在500多米。山东丘陵属温带季风气候类型，降水集中、雨热同季，春秋短暂、冬夏较长，年平均气温11℃—14℃。农作物以小麦、薯类为主，经济作物以大豆、烟草为主。山东丘陵还盛产多种农林产品，其中以苹果、花生最为闻名，素有"水果之乡""花生之乡"的称誉。

● 东南丘陵

东南丘陵位于我国东南部，长江以南，从云贵高原以东直达海滨的东南地区统称为东南丘陵，主要包括江南丘陵、浙闽丘陵和两广丘陵。丘陵多呈东北—西南走向，海拔在200—600米，黄山、九华山、衡山、丹霞山、武夷山等主要山峰超过1000米。东南丘陵地处亚热带，降水充沛，热量丰富，丘陵与低山之间多有河谷盆地，适宜发展农业。此外，东南丘陵还是我国林、矿资源开发的重要地区。

● 岛屿、群岛、半岛

散布在海洋、湖泊或江河中的四面被水包围的小块陆地叫做岛屿，其中面积较大的称为"岛"，面积较小的称为"屿"；彼此间距离较近的一群岛屿称"群岛"；部分伸入海洋或湖泊，一面同大陆相连，其余三面被水包围的陆地称"半岛"。岛屿按其成因可以分为大陆岛、火山岛、珊瑚岛、冲击岛4类。中国是一个岛屿众多的国家，共有大小岛屿5000多座，岛屿岸线总长1.4万多千米。台湾岛、海南岛、崇明岛被称作中国三大岛屿。

● 台湾岛

台湾岛是中国第一大岛，位于亚洲东部、太平洋西北边，面积约3.58万平方千米。高山和丘陵面积较大，占全部面积的2/3以上。最高峰玉山海拔3997米，为中国东南部第一高峰。台湾岛因欧亚大陆板块、菲律宾海洋板块挤压而隆起，地势东高西低，山脉纵贯，河流多且流程短。平原多分布在西部，是岛上农业兴盛、人口密集的地区。岛上粮食生产以稻米为主，经济作物以甘蔗为主，林业、渔业、制造业均较发达。台湾岛北部为副热带季风气候，南部为热带季风气候，又有局部呈热带、亚热带、温带、寒带等多种气候，因此岛上的自然景观与生态系多种多样。

● 海南岛

海南岛是中国第二大岛,又称琼崖、琼州,面积3.4万平方千米,海拔100米以下的台地、平原约占总面积的2/3。最高峰五指山海拔1867米,因形似五指而得名。地势中间高,四周低。山地位于中央,丘陵、台地、平原环绕四周。海南岛北隔琼州海峡,与雷州半岛相望。东南以及南海诸岛几乎全部是珊瑚岛、滩、礁和暗沙。河流呈辐射状四方分流入海,较大的河流均发源于中部山地。气候上属热带湿润季风气候,高温多雨,年平均温度22℃—26℃,岛上有大片的热带森林分布,终年常绿。海南岛是著名的旅游胜地,被称为南海上的一颗"明珠",有"东方夏威夷"之美誉。

● 崇明岛

崇明岛地处中国最大河流长江入海口,是全世界最大的河口冲积岛,也是中国仅次于台湾岛、海南岛的第三大岛,有"长江门户、东海瀛洲"之称。全岛三面临江,东濒东海,面积约1267平方千米,因长江输出的泥沙不断沉积,面积仍在不断扩大之中。岛上地势平坦,无山冈丘陵,土壤肥沃,物产富饶,是著名的"鱼米之乡"。由于地处北亚热带,气候温和湿润,日照充足,年平均气温15.2℃。

● 舟山群岛

舟山群岛是中国最大的群岛,位于长江口以南、杭州湾以东的浙江省北部海域,古称海中洲,面积2.2万平方千米。舟山群岛岛礁众多,呈东北—西南排列。南部大岛较多,海拔较高,排列密集,北部多为小岛,地势较低,分布较散。舟山群岛中以舟山岛最大,面积524平方千米,为我国第四大岛。整个群岛地区季风显著,冬暖夏凉,温和湿润,年平均气温16℃左右,适宜各种生物群落繁衍、生长,给渔农业生产提供了有利的条件,素以"中国渔都"著称。

● 南海诸岛

南海诸岛是散布在南海上的岛屿、礁、滩、沙和暗沙的总称，为中国最南的岛屿群，依照位置不同称为东沙群岛、西沙群岛、中沙群岛和南沙群岛。

● 山东半岛

山东半岛是中国最大的半岛，位于山东省东部，胶莱谷地以东，伸入渤海与黄海之间，为中国三大半岛之一，总面积3.9万平方千米。地形主要以低山丘陵为主，占全岛总面积的70%以上，海拔大多约200米，以崂山最高，海拔1130米。沿海地区为海积平原，面积不足30%。气候上属暖温带湿润季风气候，年降水量650—850毫米。农产品以花生最为有名，被誉为"花生之乡"。此外，山东半岛也是我国重要的水果产区，年水果产量居全国首位。

● 辽东半岛

辽东半岛是中国第二大半岛，位于辽宁省南部，由千山山脉向西南延伸到海洋中构成。半岛南端老铁山隔渤海海峡，与山东半岛遥相呼应，形成渤海和黄海的分界。千山山脉贯穿半岛，形成中间高两侧低的低山丘陵地貌，东侧较平缓，西北侧较陡峻。岛屿受海洋影响显著，气候温暖湿润，属暖温带季风气候。辽东半岛生物资源丰富，经济作物以棉花、花生、烤烟、柞蚕为主，柞蚕产量居全国首位。此外，岛上铁、煤、锰、铝、镁等矿产资源也十分丰富。

● 雷州半岛

雷州半岛是中国第三大半岛，位于祖国大陆最南端，东临南海，西靠北部湾，南与海南省隔海相望，南北长约140千米，东西宽约60—70

千米，面积约8500平方千米。地势平缓，西北高、东南低，海拔多100米以下。南部为玄武岩台地，多分布有孤立的火山锥；中西部和北部多为海成阶地；中东部为冲积和海积平原，地形平缓。岛上属热带气候，年平均气温23℃，年均降水1400—1700毫米。这里还是中国热带、亚热带经济作物的重要产区，盛产甘蔗、橡胶、剑麻、香茅等。此外，雷州半岛的水运、水产、旅游业都十分发达。

● 海峡

海峡是指两块陆地之间连接两个海或洋的狭窄水道，有"海上走廊"之称。自古以来，海峡不仅是交通要道、航运枢纽，而且因其地理位置特殊，还是兵家必争之地。海峡是地壳运动的产物，地壳运动时，临近海洋的陆地断裂下陷，出现深沟并被海水淹没，把大陆与邻近的海岛，或相邻的两块大陆之间分开而形成，一般水较深，水流较急，底质多为坚硬的岩石或沙砾。海峡在军事及航运上都有重要意义，根据海峡水域同沿岸国家的关系可以将海峡分为3类：内海海峡、领海海峡、非领海海峡。

● 台湾海峡

台湾海峡是中国最大的海峡，位于中国台湾省和福建省之间，是纵贯中国南北海运的要道。海峡呈东北—西南走向，长约370千米，宽约130千米，总面积约8万平方千米，平均水深60米。地势起伏不平，西北部较平坦，东南部坡度较大，中间岛屿和浅滩构成弧形隆起带。澎湖列岛是海峡内的主要岛屿，由64个大小岛屿和众多的滩、礁组成，扼台湾海峡南部的咽喉。台湾海峡属南亚热带、北热带季风气候，资源丰富，水产品种类繁多，是我国重要渔场之一。此外，台湾海峡金属矿产、石油等储量十分丰富，品质较高。

● 琼州海峡

琼州海峡是中国三大海峡之一，位于雷州半岛和海南岛之间，西接北部湾，东连南海北部，呈东西向延伸，长约80千米，宽约19—40千米，面积2400平方千米，平均水深44米。海底地形从两岸向中央逐渐变深，并以50米等深线形成狭长矩形深水海盆。海峡两口处地势平坦，深度变浅，向西过渡到平坦的北部湾海底，向东过渡到南海北部大陆架。2003年1月7日，中国第一条跨海铁路——粤海铁路通道正式开通运营。琼州海峡从此天堑变通途，结束了海南岛与祖国大陆不通火车的历史。

● **渤海海峡**

渤海海峡是中国辽东半岛和山东半岛之间的狭长水道，是渤海与黄海的天然分界线。它西与渤海相连，东与黄海毗邻。庙岛群岛分布在渤海海峡中部和南部，形成可航行的水道及与外海域相连的通航航门。渤海海峡在地质时代曾为陆地，与辽东半岛和山东半岛连在一起，因地壳变动及海侵运动成为海峡，庙岛群岛就是露出海面的古代山脉。

● **峡谷**

峡谷是深度大于宽度、谷坡陡峭的谷底，横剖面常呈"U"字状。主要由河流强烈的向下侵蚀作用而形成，河床上常有急流和瀑布出现。如果地质条件较好，蓄水量丰富，则可以作为开发水利资源，修建水库、大坝的良好地段。中国的长江三峡、黄河刘家峡、青铜峡、龙羊峡等都是在此基础上建成的。

● **雅鲁藏布大峡谷**

雅鲁藏布大峡谷是世界上最长、最深的峡谷，北起米林县的大渡卡村，南到墨脱县巴昔卡村，全长504.6千米，最深处6009米，平均深度2268米，有世界上最丰富的水能资源。峡谷具有从高山冰雪带到低河谷热带季雨林等9个垂直自然带分布，生物种类极其丰富。在核心无人区有4处大瀑布群，落差都在30—50米。峡谷地区冰川、绝壁、陡坡、泥石流和巨浪滔天的大河交错在一起，环境十分恶劣，许多地区至今仍无人涉足，堪称"地球上最后的秘境"，是地质工作少有的空白区之一。

● 长江三峡

长江三峡位于中国重庆市和湖北省境内的长江干流，属亚热带季风气候区，是瞿塘峡、巫峡和西陵峡3段峡谷的总称。它西起重庆市奉节县的白帝城，东至湖北省宜昌市的南津关，跨奉节、巫山、巴东、秭归、宜昌5县市，全长204千米。三峡山势雄奇险峻，江流奔腾湍急，峡区礁滩接踵，夹岸峰插云天，是闻名遐迩的游览胜地，自古就有"瞿塘雄，巫峡秀，西陵险"的说法。

● 金沙江虎跳峡

金沙江虎跳峡是世界四大峡谷之一，距离云南丽江纳西族自治县县城60千米，在金沙江上游，全长约20千米，分上虎跳、中虎跳、下虎跳3段。虎跳峡南岸为玉龙雪山，海拔5596米，临峡一侧山体陡峭；北岸为哈巴雪山，海拔5396米，临峡一侧山坡稍缓。峡谷深度3900米，江面落差220米，是世界上最深的峡谷之一。江流最窄处仅约20余米。峡内礁石林立，有险滩21处，高达10米的跌坎7处，瀑布10条。关于虎跳峡的得名，相传有猛虎下山，在江中的礁石上腾空越过江面，故称虎跳峡。

● 太鲁阁大峡谷

太鲁阁大峡谷位于台湾东部花莲县西北，立雾溪的下游，连绵20千米，是太鲁阁公园的一部分。太鲁阁因泰雅语"鲁阁"得名，"鲁阁"是桶的意思，这里地势险要，曾多次作为战场，易守难攻，好似铁桶江山一样，故称"鲁阁"，通常叫太鲁阁。因地壳的隆起作用及立雾溪河水不断的侵蚀切割而成。两岸悬崖万仞，奇峰插天。谷中溪曲水急，林泉幽邃，具有长江三峡雄奇景观连绵不断的气势，被誉为"宝岛的三峡",列"台湾八景"之冠。

● 沙漠

沙漠也称荒沙,是地面完全被沙所覆盖、植物稀少、雨水稀少的荒芜地区。在世界范围内,沙漠占陆地总面的1/10。气候条件是形成沙漠的主要原因,沙漠地区常年高温,降水量少,日温差极大,午间地面温度可达到60℃,晚上能够降到10℃。沙漠地区风力比较大,可以达到10—12级,大风卷起尘沙,形成风沙流,使地表遭到侵蚀而发生急剧变化。然而沙漠并不都是自然因素所造成,人为的乱砍滥伐、过度开垦等使大片绿地遭到破坏,土地得不到涵养,导致荒漠化迅速蔓延。

● 塔克拉玛干沙漠

塔克拉玛干沙漠是仅次于撒哈拉大沙漠的世界第二大沙漠,位于新疆塔里木盆地中心,东西长约1500千米,南北宽约600千米,面积约33.7万平方千米。"塔克拉玛干"维吾尔语意为"进去出不来的地方",又称"死亡之海"。沙漠中心气候条件极其严苛。白天,沙面温度有时高达70℃—80℃,夜晚,天气非常寒冷,昼夜温差最大为40℃。沙漠区沙丘类型复杂多样,多为复合型沙山和沙垄,沙漠里有两座红白分明的高大沙丘,名为"圣墓山",它是由红砂岩和白石膏组成,称为"红白山"。

● 古尔班通古特沙漠

古尔班通古特沙漠是中国第二大沙漠,位于准噶尔盆地的中心,面积4.88万平方千米,海拔300—600米。主要由索布古尔布格莱沙漠、霍景涅里辛沙漠、德佐索腾艾里松沙漠、阔布北—阿克库姆沙漠组成。气候上属温带干旱荒漠气候,年均降水70—150毫米,沙漠内部大部分为固定和半固定沙丘,面积占整个沙漠的97%,是中国面积最大的固定、半固定沙漠。固定沙丘上植被覆盖率40%—50%,半固定沙丘为15%—25%。沙漠内植物种类达百余种，植物区系成分处于中亚向亚洲中部荒漠的过渡。

● 巴丹吉林沙漠

巴丹吉林沙漠是中国第三大沙漠，位于内蒙古自治区阿拉善右旗北部，面积4.7万平方千米，海拔1200—1700米。沙漠内，沙山沙丘、风蚀洼地、剥蚀山丘、湖泊盆地和谷地交错分布，并以流动沙丘为主，约占沙漠总面积的83%。沙漠西北部至今仍有1万多平方千米的地域无人涉足，中部有密集的高大沙山分布。奇峰、鸣沙、湖泊、神泉、寺庙堪称巴丹吉林"五绝"。丰富的动植物资源与大量的硅、铝、铁、钙等矿物资源，使巴丹吉林沙漠成为富庶的"聚宝盆"。

气　候

气候是地球上某一地区多年时段大气的一般状态，是该时段各种天气过程的综合表现。气象要素（温度、降水、风等）的各种统计量（均值、极值、概率等）是表述气候的基本依据。中国国土辽阔，兼有热带、亚热带、暖温带、温带、寒温带等几个不同的气候带，气候类型特征大致有三：一是大陆性季风气候显著；二是雨热同期；三是气候复杂多样。

● 天气与气候

天气是指一个地区在较短时间内的大气状态，可以用阴晴、风雨、冷热等特征来衡量，天气是经常变化的；气候则是指一个地区多年时段大气的一般状态，是该时段各种天气过程的综合表现，具有相对的稳定性，可以用以冷、暖、干、湿这些特征来衡量。二者的区别在于它们的时间尺度有很大的不同。天气时间尺度小，可以是几小时到几天、十几天。例如，"今天天气很好"说的就是天气；气候的时间尺度大，可以是一个月至几个月，也可以是一年至几年、几十年、上百年。例如，"昆明四季如春"说的就是气候。

● 气象

气象是大气中的冷热、干湿、风、云、雨、雪、霜、雾、雷电等各种物理现象和物理过程的总称。气象的观测包括大气气体成分浓度、气溶胶、温度、湿度、地温、风向风速、云、蒸发、降水、日照、气压、天气能见度、大气电场以及雷电、虹、晕，等等。正因为气象包含了以上如此多的方面，所以气象与人们的生产、生活密切相关，对农业、工业、交通、航空业等等都会产生深远影响，如何减少气象所带来的不利影响极其重要。

● 气候因子

气候因子指支配气候形成的基本因子。太阳辐射、大气环流、下垫面性质是气候形成的三大自然因子。太阳辐射是大气的主要能源，也是大气中一切物理过程和物理现象形成与演化的原动力，因此也是气候形成的基本因子；下垫面是太阳辐射能的接受、贮存、转化的场所，是太阳辐射的储存器和调节器，影响气候的形成和变化；大气环流是三者中最活跃的因子，具有双重性。它一方面影响、制约着各地气候的形成，另一方面大气环流本身也是一种气候现象。气候因子之间相互联系、相互制约，存在十分复杂的反馈作用。

● 气象灾害

大气对人类的生命财产和国民经济建设及国防建设等造成的直接或间接的损害，被称为气象灾害。它是自然灾害中的原生灾害之一，具有种类多、范围广、频率高、持续时间长、群发性突出、连锁反应显著、灾情严重等特点。中国是世界上自然灾害频繁、灾害种类多样、造成损失十分严重的少数国家之一。每年由于干旱、洪涝、台风、暴雨、冰雹等灾害危及到人民生命和财产的安全，国民经济也受到了极大的损失，而且，随着经济的高速发展，自然灾害造成的损失亦呈上升趋势，直接影响着社会和经济的发展。

● 气候类型的判定

判定气候类型可以分为3步：1.依据气温季节变化特点判断南北半球：最热月在7月份属北半球，反之则属南半球。2.依据最冷月气温或最热月气温判断所属温度带：最冷月>15℃——热带雨林气候、热带季风气候、热带草原气候、热带沙漠气候；最冷月0℃—15℃——亚热带季风气候、地中海气候、温带海洋气候；最冷月<0℃——温带季风气候、温带大陆性气候；最热月<10℃或终年0℃以下——极地气候。3.依据降水的季节分配确定气候类型：年雨型——热带雨林气候、温带海洋性气候；夏雨型——热带季风气候、热带草原气候、亚热带季风气候、温带季风气候；冬雨型——地中海气候；少雨型——热带沙漠气候、温带大陆性气候。

● 气候类型特例

远离赤道的热带雨林气候：马达加斯加岛的东部、澳大利亚东北部、巴西高原的东南部、中美洲东北部地区。成因：气温、降水量等达到热带雨林气候的条件；赤道地区的热带草原气候：东非高原。成因：地势较高，改变了气温和降水状况；西风带内的温带大陆气候：南美巴塔哥尼亚高原地区。成因：位于安第斯山脉东侧背风地带，受山地阻挡而降水稀少，东面距海洋较近，并处于西风带内；大陆东岸的温带海洋性气候：澳大利亚东南部、新西兰南北二岛、智利火山岛地区。成因：地处温带地区，又受到西风的影响，终年有暖湿空气从海洋吹来。

● 热带雨林气候

热带雨林气候也叫赤道多雨气候，主要分布于南北纬10°之间，受赤道低气压带控制，盛行上升气流，如马来群岛、亚马孙平原、刚果盆地和几内亚湾沿岸等地区。其特点为常年高温多雨，气温年较差小，全年皆夏，各月平均温在25℃—28℃之间，年降水量大多在2000毫米以上，且全年分配比较均匀。自然植被是热带雨林。

● 热带草原气候

热带草原气候又称热带干湿季气候、热带稀树草原气候，主要分布在热带雨林气候区南北两侧至南北回归线之间，受赤道低压带和信风带交替控制，非洲中部、南美巴西大部、澳大利亚大陆北部和东部为典型代表。这种气候类型年平均气温高，气温年较差略大于热带雨林气候，年降水量大多在750—1000毫米，有明显的干湿季节，离赤道越远，干季越长，降水量也越少。自然植被是热带稀树草原。

● 热带季风气候

热带季风气候大致在南北纬10°至南北回归线之间的大陆东岸，受风带气压移动及海陆热力性质差异影响，以亚洲中南半岛、印度半岛最为显著，例如中国云南大部分地区和西藏自治区东南角等地。其特点为全年高温，旱雨两季，年平均气温在20℃以上，降水与风向有密切关系，冬季盛行来自大陆的东北风，降水少，夏季盛行来自印度洋的西南风，降水丰沛，年降水量大部分地区1500—2000毫米，最高月400毫米以上。自然植被是热带季雨林向半干旱气候过渡，也有热带稀树草原。

● 热带沙漠气候

热带沙漠气候分布在南北回归线至南北纬30°之间的大陆内部或大陆西岸，如非洲北部、亚洲阿拉伯半岛和澳大利亚沙漠区就是典型代表。在副热带高压或信风带控制下，盛行热带大陆气团，其特点为年平均气温高，年温差较大，日温差更大，降水稀少，年降水量不足125毫米。该气候带沙漠广布，生物较少，只有零星的耐旱植物，如仙人掌。在沙漠边缘地带会有灌木丛分布。植被类型为热带荒漠。

● 亚热带季风和季风性湿润气候

亚热带季风和季风性湿润气候主要位于大陆东岸，如我国秦岭以南、北美大陆、南美大陆和澳大利亚大陆东南部等地。受海陆热力性质差异影响，夏热冬温，季节变化明显。夏季风时，热带海洋气团带来大量降雨；冬季风时，受极地大陆气团影响，降雨减少。季风性湿润气候冬夏温差较前者小，一年中降水分配也较前者均，年降水量在800—

1500毫米。自然植被为亚热带常绿阔叶林。

● 地中海气候

地中海气候又称为亚热带夏干气候，该气候类型在全球分布稀少，主要位于南北纬30°—40°之间的大陆西岸，以地中海沿岸、澳大利亚大陆、南北美洲纬度30°—40°大陆西岸和非洲大陆西南角地区为主，其中以地中海沿岸地区最为典型。夏季受副热带高压带控制，以及热带大陆气团的影响，干旱炎热；冬季受西风带控制，多气旋活动，温和多雨，年降水量300—1000毫米。自然植被是常绿硬叶阔叶林和常绿灌木林，也有硬叶草地分布。

● 温带海洋性气候

温带海洋性气候主要分布在南北纬40°—60°大陆西岸，例如西欧、北美和南美大陆西海岸狭长地带。由于地处西风带，终年盛行西风，受海洋气团影响显著，终年湿润，冬季温和多雨，夏季空气凉爽，气温年较差、日较差均较小，最冷月平均气温0℃以上，最热月22℃以下。年降水量一般700—1000毫米，在地形有利的地方可达2000毫米以上或更多。自然植被是温带落叶阔叶林。

● 温带季风气候

温带季风气候主要分布于北纬35°—55°左右的亚欧大陆东岸，包括中国的华北、东北以及俄罗斯远东地区。受海陆热力性质差异影响，冬夏风向明显交替。冬季风时，受极地大陆气团控制，寒冷干燥；夏季风时，受极地海洋气团或热带海洋气团影响，暖热多雨，雨热同期。年降水量500—600毫米，降水集中在夏季，季节分配不均，具有明显的大陆性特征。自然植被是落叶阔叶林或针叶与落叶阔叶混交林。

● 温带大陆性气候

广义的温带大陆性气候包括温带沙漠气候、温带草原气候及亚寒带针叶林气候，主要分布于南北纬40°—60°的亚欧大陆和北美大陆的内陆地区以及南美洲南部。由于距海较远，全年在大陆气团控制下，冬季严寒，夏季炎热，气温年变化很大，降水稀少，年降水量都在300毫米以下，在大陆中部形成干燥或半干燥气候。而大陆北部，则由于纬度偏高，冬季寒冷、漫长，夏季温凉、短促，蒸发不旺，降水虽少，却不干旱，形成特殊的亚寒带针叶林气候。温带大陆性气候自然植被由南向北从温带荒漠、温带草原，过渡到亚寒带针叶林。

● 亚寒带针叶林

亚寒带针叶林也叫亚寒带大陆性气候，处于北纬50°—60°之间，呈带状横贯亚欧大陆北部、北美大陆北部地区。该地区全年受极地大陆气团和极地海洋气团控制。冬季漫长而严寒，夏季温暖而短促，降水稀少，且集中在夏季。自然植被为亚寒带针叶林，主要是耐寒的落叶松、云杉等。

● 极地气候

极地气候包括苔原气候和冰原气候两种类型，主要分布在亚欧大陆和北美大陆的北部边缘地区、格陵兰岛、北冰洋诸岛和南极洲。在大陆边缘地区，冬季长而寒，只有大陆边缘部分的夏季气温可达0℃—10℃之间，年降水量200—300毫米，降水大都为雪。苔藓、地衣是这里的典型植物，故称为苔原气候；格陵兰岛、北冰洋诸岛和南极洲等地的绝大部分地区，终年在冰雪覆盖下，最热月平均温度也不超过0℃，年降水量在250毫米以下，降水全部为雪，积雪终年不化，因此被称为冰原气候。极地气候全年皆冬、降水稀少、烈风。

● 高原山地气候

高原山地气候可能出现在任何纬度高大的山地、高原地区，如喜马拉雅山、青藏高原、帕米尔高原、安第斯山、乞力马扎罗山等地区。其特点是气温和降水都有垂直变化，自下而上有热带、亚热带、温带、亚寒带和永久积雪带，有完整的气候带谱。气温随高度的增加而降低，降水在一定高度范围内随高度增加而增加，超过这一高度则随高度增加而减少。

● 气压

气压是指单位面积上空气分子在运动时对物体表面所产生的压力。地球被厚厚的大气层所包围，在大气中任一位置，且不论承受大气压力的表面是横放、竖放或侧放，其受到的大气压力大小是一致的。在稳定的大气中，任一高度上的气压值等于该高度上单位面积所承受的大气压力。气压的大小与海拔高度、大气温度、大气密度等有密切关系，一般随高度升高按指数律递减。测量气压的仪器最常用的有水银气压表、空盒气压表和气压计。在标准状态下即标准大气压为：1.01325×10^5帕。

● 等压线

表示水平面气压场的情况通常是用等压线，把在一定时间内气压相等的地点在平面图上连接起来所成的封闭线即是等压线。它可以显示一定范围内气压高低的分布情况，是分析天气预报的依据之一。等压线越密集，气压梯度就越大，对应的水平气压梯度力越大，空气流动（风）速度就越大。

● 气压梯度

由于在同一水平面上气压高低不一，在地区之间出现的气压差就是气压梯度,也称水平气压梯度。存在气压梯度就存在使大气由高气压区流向低气压区的力,这个力称为水平气压梯度力,其方向多垂直于等压线或等压面,由高压指向低压;其大小等于气压随距离的变化率。在水平气压梯度力的作用下,大气由高压区向低压区运动,因而形成了风。

● 气压带

气压带是由于地球表面纬度高低不同,接受太阳辐射的多少不同而形成的气压区域。它可随太阳直射点位置的变化而南北平移。地球上的水平气压带有7个:两个极地高压带分布在北极和南极极区,是在低空形成的高压带。冬季强度增大,范围扩展,夏季势力减弱,范围收缩;两个副极地低压带分布在南北纬60°及其两侧。由于副热带高气压带热空气北移,与南下的极地高气压带冷空气相遇而形成;两个副热带高压带分布在南北纬20°—30°,活动范围约占地球的一半,是对大气环流影响最大的气压带;赤道低压带分布在赤道附近,因终年高温,空气受热膨胀上升,到高空向两侧外流,引起气柱质量减少,低空形成低压带。

● 地转偏向力

地转偏向力最早是法国数学家科里奥利加以研究和确定的,故又称科里奥利力。它是指地球上一切作水平运动的物体,由于地球自转而发生偏向的一种力。地球上水平运动的物体,无论朝着哪个方向运动,都会发生偏向:在北半球向右偏,在南半球向左偏,并且只能改变物体运动的方向,不能改变物体运动的速率。地球上,赤道不受地转偏向力的影响,南北两极地转偏向力最大。

● 高压脊与低压槽

高压脊是天气图上的等压线不闭合而呈"∪"型或"∩"型突出的高气压区域。其中等压线弯曲最大处各点的连线称为"脊线",即"高压脊"。在高压脊内,气流辐散下沉,一般天气晴好;低压槽是从低气压区延伸出来的狭长区域，简称"槽"。槽中的气压值比两侧的气压要低。在天气图上，低压槽一般从北向南伸展。在对流层的中下部，低压槽附近有强烈辐合上升的气流，故在高空低压槽下层附近易产生气旋等天气系统，常伴有雨雪、大风、降温天气。

● 气团

气团是指水平方向上大气的物理属性（主要指温度、湿度和稳定度等）相对比较均匀的大块空气。气团占据的空间很大，它的水平尺度可以是几百至几千千米，垂直尺度可达几千米到十几千米。大范围性质比较均匀的下垫面是气团的源地，如广阔的海洋、巨大的沙漠、冰雪覆盖的大陆等。气团在形成以后逐渐脱离源地，沿途移动过程中受不同性质空气的影响改变自身基本属性。按照气团移动时与所经下垫面之间的温度对比，可以将气团分为暖气团与冷气团，气团温度高于下垫面则为暖气团，反之则为冷气团。

● 大气层

大气层又叫大气圈，它的成分主要有氮气、氧气，还有少量的二氧化碳、稀有气体和水蒸气。大气层的空气密度随高度而减小。其厚度大约在1000千米以上，但没有明显的界线。整个大气层随高度不同表现出不同的特点，分为对流层、平流层和高层大气：对流层内温度随高度增加递减，对流活动显著，天气复杂多变，云、雨、雾、雪等都发生在这一层；平流层内温度随高度增加而增高，气流以平流运动为主，不易形成对流，有利于高空飞行；高层大气气压很低，空气密度小，到2000—3000千米的高空密度已与星际空间接近，在该层80—500千米的高空，有若干电离层，能反射无线电短波，对无线电短波通信有重要影响。

● 臭氧层

太阳的高能紫外线使空气中的氧气分子发生分解，成为两个氧原子，氧原子的不稳定性极强，又与大气中的氧分子发生进一步反应，生成臭氧分子。臭氧形成后，因其比重大于氧气，会逐渐降落，在降落过程中随着温度的上升，臭氧不稳定性愈趋明显，受到长波紫外线的照射后再度还原为氧气，达到氧气与臭氧相互转换的动态平衡。在大气层10—50千米高度的区域（平流层）集中了地球上90%的臭氧，这就是臭氧层。它具有吸收绝大部分太阳紫外线，加热大气，充当温室气体等作用。由于臭氧层的保护，使地球生物免受紫外线的危害，被人们称作"地球的保护伞"。

● 大气对太阳辐射的削弱

大气对太阳辐射的削弱主要有3个途径，即吸收、反射和散射。平流层大气中的臭氧能吸收太阳辐射中波长较短的紫外线。对流层中的水汽和二氧化碳能吸收太阳辐射中波长较长的红外线；大气中的云层和较大颗粒的尘埃能将一部分太阳辐射反射回宇宙空间，云层越厚，反射越强；大气中的空气分子和微小尘埃等质点，可以使太阳辐射以它们为中心向四面八方散射，使一部分太阳辐射不能到达地面。经过以上削弱过程，到达地面的太阳辐射就不会对人和动植物造成伤害。

● 天气图

各地气象台站按照统一规定时间进行观测，把收集到的有关风、云、大气压力、温度、湿度等气象资料，用各种天气符号按照一定格式填在一种专门设计的空白图上，这种图就是天气图，它可分为地面天气图及高空天气图。在天气图底图上，填有各城市、观测站的位置以及主要的河流、湖泊、山脉等地理标志。气象科技人员根据天气分析原理和方法进行分析，从而揭示天气系统、天气现象的分布特征和相互的关系。天气图是目前气象部门分析和预报天气的一种重要工具。

● 世界上第一张天气图

1820年，德国人布兰德斯利用《巴拉丁气象学会杂志》上登载的气象观测资料绘成世界上第一张天气图，从而拉开了天气图的发展序幕。1853—1856年的克里米亚战争让天气图预报快速发展。战争中，英法军队遭遇了风暴灾难，拿破仑三世勒令法国气象学家勒弗里埃研究这次风暴。最终，他绘制出关于此次风暴的5张气象图，并指明风暴的移动方向和位置。此后，人们认识到准确预报天气情况的重要性，各国迅速纷纷效仿。1856年，法国成立了世界上首个正规的天气预报服务系统。

● 卫星云图

通过气象卫星从太空不同的位置对地球表面进行拍摄，呈现出的地球上的云层覆盖和地面特征的图像就是卫星云图。利用卫星云图可以识别不同的天气系统，确定它们的位置，判断其强度和发展趋势，为天气分析和天气预报提供了重要依据，弥补了海洋、沙漠、高原等缺少气象观测台站的地区常规观测资料的不足，对提高预报准确率起了重要作用。

● 天气系统

天气系统是指具有一定的温度、气压或风等气象要素空间结构特征的大气运动系统。如有的以空间气压分布为特征组成高压、低压、高压脊、低压槽等。有的则以风的分布特征来分，如气旋、反气旋、切变线等。有的又以温度分布特征来确定，如锋。还有的以某些天气特征来分，如雷暴、热带云团等。通常构成天气系统的气压、风、温度及气象要素之间都有一定的配置关系。大气中各种天气系统的空间范围是不同的，水平尺度可从几千米到一两千千米。其生命史也不同，从几小时到几天都有。

● 天气预报

天气预报就是根据现有的气象观测资料，应用大气变化的规律，根据当前及近期的天气形势，对一定地点或区域未来一定时间内的天气变化进行定性或定量预测。它是根据对卫星云图和天气图的分析，结合有关气象资料、地形和季节特点、群众经验等综合研究后做出的。天气预报就时效的长短分为3种：短期天气预报（2—3天）、中期天气预报（4—9天），长期天气预报（10—15天以上）。中央电视台每天播放的主要是短期天气预报。

● 穿衣气象指数

穿衣气象指数简称穿衣指数，就是根据季节、气温、空气湿度、风及天气等相互组合，确定的一个综合性的气象参数，根据人体实验及生活体验，不同的参数应有不同的穿衣戴帽及布料等。穿衣指数一般分8个级别发布，指数越小，穿衣的厚度越薄。

1—2级为夏季着装，指短款衣类，衣服厚度在4毫米以下。

3—5级为春秋过渡季节着装，从单衣、夹衣、风衣到毛衣类，服装厚度在4—15毫米。

6—8级为冬季服装，主要指棉服，羽绒服类，其服装厚度在15毫米以上。

● 气温与温度

气温是指在野外空气流通、不受太阳直射并在规定高度测得的空气温度。最高气温是一天当中气温的最高值，一般出现在14时左右，最低气温一般出现在5时左右；学术上温度是表示物体冷热程度的物理量，微观上说是物体分子热运动的剧烈程度。我国气温记录一般采用摄氏度（℃）为单位，美国和其他一些英语国家采用华氏度（OF）为单位。需要注意的是，人们日常所说的温度多指体感温度，一般要高于气温3℃—4℃。

● 理想温度

人类生活在地球上，每时每刻都离不开温度。经过科学家长期研究和观察对比，认为生活中的理想温度应该是：居室温度保持在20℃—25℃；穿衣保持最佳舒适感时，则皮肤的平均温度为33℃；饭菜的温度为46℃—58℃；饮水时的温度为44℃—59℃；泡茶的温度为70℃—80℃；洗澡水的温度为34—39℃；洗脚水的温度为50℃—60℃；冷水浴的温度为19℃—21℃；阳光浴的温度为15℃—30℃。

● 摄氏度

国务院颁布的中华人民共和国法定计量单位中，表示温度的单位有两个：一个是开尔文（K），用于科研、生产；另一个是摄氏度（℃），用于生活当中。摄氏度如同电流的单位安培（A）、电压的单位伏特（V）一样，是一个单位。安培、伏特在法定计量单位里还规定可简称为"安""伏"，但摄氏度既不能简称"摄"，也不能简称"度"，不能随意简化或拆开，任何简称为"度"的写法和说法都是不规范的，正确的用法只能是"摄氏度"。

● 等温线

在天气图上，温度值相同各点的连线称为等温线。任意一条等温线上的各点温度都相等。在分析等温线图时要掌握一些基本规律：等温线密集，表示气温相差悬殊。等温线稀疏，表示气温差别不大；等温线向高纬突出，说明该地区温度高于两侧。等温线向低纬突出，说明该地区温度低于两侧；等温线平直，说明影响气温分布的因素较少。等温线弯曲，说明影响气温分布的因素很多；等温线是东西走向，表示温度因纬度而不同，以纬度因素为主。等温线和海岸线平行，表示气温以距海远近因素为主。

● 积温与温度带

当日平均气温稳定≥10℃，大多数木本植物或农作物才能生长活跃，根据日平均气温≥10℃累计值为标准，把植物生长期内每天的日平均气温累加起来，得到的温度总和叫作积温。它反映了一个地区生长期内的温度高低和热量多少。根据积温的多少，按农业生产所需要的热量指标划分的地带叫温度带，国际上通用的是以南北回归线和南北极粗略的划分为热带、南北温带、南北寒带。我国根据≥10℃积温划分5个温度带：热带，积温>8000℃；亚热带，积温8000℃—4500℃；暖温带，积温4500℃—3400℃；中温带，积温3400℃—1600℃；寒温带，积温<1600℃。同时，我国另有一个独特的青藏高原气候区，积温<2000℃，但光照条件优于寒温带。

● 四季的划分

春、夏、秋、冬四季的划分有不同的标准。天文学上以春分、夏至、秋分、冬至分别作为四季的开始。中国古籍上多用立春、立夏、立秋与立冬作为四季的开始。气候统计上，因一般以1月份为最冷月，7月份为最热月，故以阳历3、4、5月份为春季，6、7、8月份为夏季，9、10、11月份为秋季，12、1、2月份为冬季。这种四季的分法，较适宜于四季分明的温带地区。

1934年，中国学者张宝坤结合物候现象与农业生产，提出了另一种分季方法。他以候（每5天为一候）平均气温稳定降低到10℃以下作为冬季开始，稳定上升到22℃以上作为夏季开始。候平均气温从10℃以下稳定上升到10℃以上时，作为春季开始。从22℃以上稳定下降到22℃以下时，作为秋季开始。即：候平均气温≤10℃为冬季；10℃—22℃为春季；≥22℃为夏季；22℃—10℃为秋季。

● 气温日变化

气温日变化是指一天内气温高低的周期性变化。这种变化离地面愈近愈明显。大陆上最高气温一般出现在14时左右，最低气温一般在5时左右。正午以后，太阳辐射虽开始减弱，但地面获得的太阳辐射热量仍比地面辐射失去的多，直到太阳辐射热量开始少于地面辐射失去的热量时，地面存热转为亏损，温度达最高值。地面将热量传给空气还需一定时间，故最高气温出现在14时左右。夜间地面热量亏损，日出前地面储存热量最少，故最低气温出现在5时左右。一天之中的气温最高值与最低值之差，称为气温日较差，其大小和纬度、季节、地表性质及天气情况有关。

● 气温年变化

气温年变化是指一年中气温高低的周期性变化。大气的不规则运动常使这种变化发生改变。如冷空气活动使气温骤降、暖空气来临使气温回升等。一年中气温的最高值和最低值出现的时间分别比太阳辐射最强和最弱的时间落后约1个月，大陆上的最高气温出现在7月（海洋上为8月），最低气温出现在1月（海洋上为2月）。一般情况下，南北半球的气温变化相反。北半球的气温年变化一般为"先暑后寒"，南半球则为"先寒后暑"。此外，热带地区和寒带地区的气温年变化不大，而温带地区则是四季分明。一年中月平均温度的最高值与最低值的差值称为气温年较差，并从赤道向两极增加。

● 锋

冷、暖气团相遇时所形成的狭窄过渡带称为锋或锋面。锋的两侧，冷、暖气团的温度和湿度差异很大，所以锋区常伴有云、雨等天气现象。锋可以分为4种类型：冷锋、暖锋、准静止锋和锢囚锋。冷气团推动锋面向暖气团一侧移动，形成冷锋；暖气团推动锋面向冷气团一侧移动，形成暖锋；当冷、暖气团势力相当时，锋面很少移动或处于来回摆动状态，称为准静止锋；当冷锋赶上暖锋，两锋间暖空气被抬离地面锢囚到高空，冷锋后的冷气团与暖锋前的冷气团相接触形成的锋称为锢囚锋。影响我国天气的锋面主要是冷锋。

● 锋面气旋

温带气旋是出现在中高纬度地区的，中心气压低于四周且具有冷中心性质的近似椭圆形的空气涡旋,因多产生于温带,亦称温带气旋,云雨天气是其主要特征。它是中纬度地区的主要天气系统,直径从数百到数千千米,中心强度一般在1000hPa左右。其演变过程大致可分为初生期、发展期、成熟期及消亡期。在初生期强度一般较弱,坏天气区域较小。当锋面气旋处于发展阶段,气旋区域内的风速普遍增大,气旋前部具有暖锋云系,依次是低云、中云和高云,气旋后部具有冷锋云系和降水特征。当发展到成熟期时,气旋区内地面风速较大,降水加剧。当锋面进入消亡阶段,云和降水减弱,云底抬高,最终消失。整个生命史约2—6天。

● 热带气旋

热带气旋是发生在热带或副热带洋面上的近似圆形低压涡旋,它一边绕自己的中心急速旋转,一边随周围大气向前移动。最大特点是能量来自水蒸气冷却凝固时放出的潜热。热带风暴、强热带风暴、台风均由其发展而来。在北半球热带气旋中的气流绕中心呈逆时针方向旋转,在南半球则相反。愈靠近热带气旋中心,气压愈低,风力愈大。但发展强烈的热带气旋,如台风,其中心却是一片风平浪静的晴空区,即台风眼。我国是世界上受热带气旋影响最严重的国家之一,最多年达12个,最少也有3个,以广东、海南和台湾等地频率最高。

● 锋面雨

两种性质不同的气流相遇,它们中间的交界面叫锋面。在锋面上,暖、湿、较轻的空气被抬升到冷、干、较重的空气上面去。在抬升的过程中,空气中的水汽冷却凝结,形成的降水叫锋面雨。锋面雨是中高纬度地区降水的主要类型,全年均有发生。它具有雨时长、雨区广、雨量大的特点。中国的春雨、秋雨、梅雨是典型的静止锋或暖锋降水。主要发生在副热带高压北侧的暖湿空气与西风带中的冷空气汇合地区。由于副热带高压的位置随季节而进退,所以锋面雨出现的地区亦随季节性变动。

● 地形雨

暖湿气流在前进过程中遇到高山阻挡，气流被迫缓慢上升，引起绝热降温，水汽发生凝结，这样形成的降雨，称为地形雨。地形雨多降在迎风面的山坡上，背风坡面则因空气下沉引起绝热增温，反使云量消减，降雨减少。地形雨随着地形高度增高而增加，但它不与对流雨或气旋雨结合，雨势一般不会很强。中国的西南山地、江南丘陵地带地形雨比较明显。

● 对流雨

如果下垫面高温潮湿，近地面空气强烈受热，引起空气的对流运动，湿热空气在上升过程中，随气温的下降，形成对流云而降水，比如积雨云和浓积云，条件一定时即可降水。特点是强度大，历时短，范围小，还常伴有暴风、雷电，故又称热雷雨。在热带雨林气候区和夏季的亚热带季风气候区多见。

● 降水与人工降水

降水是指云中的水分以液态或固态的形式降落到地面的现象。它包括雨、雪、雨夹雪、米雪、霜、冰雹、冰粒和冰针等形式。形成降水的条件有三个：一是要有充足的水汽。二是要使气块能够抬升并冷却凝结。三是要有较多的凝结核；人工降水是利用人为手段和现代技术去影响自然降水。根据不同云层的物理性质，向云中播撒碘化银、干冰、硝酸铵等催化剂，以促进形成降水效率，达到增雨或影响降水分布的目的。1958年，吉林省实施了中国首次人工降雨作业。

● 雨和雨级

从云中降落的水滴叫作雨。陆地和海洋表面的水蒸发变成水蒸气，水蒸气上升到一定高度后遇冷变成小水滴，这些小水滴组成了云，它们在云里互相碰撞，合并成大水滴，当大到空气托不住的时候，就从云中落了下来，形成了雨。雨水是人类生活中最重要的淡水资源，植物也需要雨露的滋润。但暴雨造成的洪水也会给人类带来巨大的灾难；雨的大小有不同的等级，以"日雨量"即24小时的降水总量为依据可划分为5个等级：小雨，日雨量小于15毫米。中雨，日雨量15—39.9毫米。大雨，日雨量40—79.9毫米。暴雨，日雨量80—149.9毫米。大暴雨，日雨量150毫米以上。

● 降水量与蒸发量

降水量是衡量一个地区在某段时间内降水多少的数据。它是从空中降落到地面上的液态和固态降水，没有经过蒸发、渗透和流失而在水平面上积聚的深度，其单位是毫米。在气象上用降水量来区分降水的强度；蒸发量是指在一定时段内，水分经蒸发而散布到空气中的量。通常用蒸发掉的水层厚度的毫米数表示。一般温度越高、湿度越小、风速越大、气压越低蒸发量越大，反之蒸发量就越小。

● 等降水量线

在地图上，将同一时间里降水量相同的各点连接起来的线，就称为等降水量线。由等降水量线组成的地图，就是等降水量线图，它是研究一个地区同一时段不同地方的降水分布规律和特点的重要工具。等降水量线密集，说明降水的地区分布差别大。等降水量线稀疏，说明降水的地区分布差别小；等降水量线大致与海岸线平行，且自沿海向内陆递减，说明降水量受海陆因素影响明显；等降水量线大致与山脉走向平行，说明降水量受地形影响较大。山脉迎风坡降水量大，背风坡降水量小。

● 湿度

湿度通常指的就是空气湿度，它是表示一定的温度下一定体积的空气里水汽含量的多少，即表示干湿程度的物理量。湿度的大小常用绝对湿度、相对湿度、比较湿度、混合比、饱和差以及露点等物理量表示。一般而言，相对湿度的日变化与气温的日变化相反，最大值出现在日出前后，最小值出现在14时左右。在一定湿度下，空气中的相对湿度越小，水分蒸发越快，人的感觉越凉快。在中国，南方地区的湿度要大于北方，沿海要大于内陆。

● 干湿地区

干湿状况是反映气候特征的标志之一，由降水量和蒸发量的对比关系决定，降水量大于蒸发量，该地区湿润，反之则干燥。中国各地干湿状况差异很大，根据降水量可分成4个干湿地区。400毫米降水量线将中国大致分为东西两部分，东部大于400毫米，为湿润半湿润地区，西部小于400毫米为干旱半干旱地区。在东部，又以800毫米降水量线为界，大于800毫米为湿润区，农业以水稻为主。400—800毫米为半湿润区，以旱作农业为主；在西部，又以200毫米降水量线为界，200—400毫米为半干旱区，以半农半牧为主。小于200毫米为干旱区，以畜牧业为主，种植业在有灌溉条件下才能进行。

● 大气环流

大气环流一般是指地球大气层中具有稳定性的各种气流运行的综合表现。它受太阳辐射、地表的摩擦作用、海陆分布和地形等因素的影响。大气环流是构成全球大气运行的基本形势，它是全球气候特征和大范围天气形势的原动力，它的主要表现形式有：全球规模的东西风带、三圈环流、常定分布的平均槽脊、高空急流、西风带的大型扰动、世界气候带的分布等。

● 热力环流

热力环流是大气运动的一种最简单的形式，它是由于地面冷热不均而形成的空气环流，例如山谷风、海陆风、城市风等。热力环流还与城市规划密切相关。由于热力性质差异，城市与郊区相比呈现"热岛效应"，形成热力环流。因此，为保护城市大气环境，在城市规划时，要研究城市风的下沉距离。一方面将大气污染严重的工业布局在城市风下沉距离之外，避免工厂排放的污染物流向城区；另一方面，应将工业卫星城建在城市风环流之外，以避免相互污染。

● 三圈环流

在地理学中，假设大气均匀的在地表运动，将大气运动分为三圈环流。低纬环流：由于赤道地区气温高，形成上升暖气流，在水平气压梯度力的影响下，气流向极地方向流动。又受地转偏向力的影响，气流运动至南北纬30°时便堆积下沉，使该地区地表气压较高，形成副热带高压。由于赤道地区地表气压较低，于是形成赤道低气压带。在地表，气流从高压流向低压，便形成低纬环流；中纬环流和高纬环流：在地表，副热带高压地区的气压较高，因此气流向极地方向流动。在极地地区，由于气温低，气流收缩下沉，气压高，气流向赤道方向流动。来自极地的气流和来自副热带的气流在南北纬60°附近相遇，形成了锋面，称作极锋。暖而轻的气流被迫抬升，形成副极地上升气流。气流抬升后，在高空分流，并分别在副热带和极地地区下沉，形成中纬环流和高纬环流。

● 季风环流

大范围地区的盛行风随季节而有显著改变的现象称为季风，这种环流形式则叫季风环流。它是大气环流的一个组成部分，以亚洲东部的季风环流最为典型。海陆热力性质的差异，导致冬夏间海陆气压中心的季节变化，是形成季风环流的主要原因。由于我国位于亚洲的东南部，因此，东亚季风和南亚季风对我国天气气候变化有很大影响。

● 季风

季风是大范围盛行的、风向随季节有显著变化的风系。它来源于阿拉伯语"monsoon"，即季节的意思。季风的形成主要是海陆间热力环流的季节变化所致，但并不是形成季风的唯一原因，气压带和风带位置的季节移动等也是形成季风的重要因素。例如中国西南地区盛行西南季风，就是南半球的东南季风夏季北移越过赤道，在地转偏向力的影响下向右偏转而形成的。季风一般夏季由海洋吹向大陆，冬季由大陆吹向海洋。中国地处亚欧大陆东部、太平洋西海岸，受季风影响显著，夏季风能够带来丰富的降水。

● 信风

信风发生在低纬度地区，是风力风向稳定、风速少变的风系。它年年如此，稳定出现，被称为守信的风，故名信风。在使用帆船进行海上贸易的年代，商人们借助信风规律性往来于海上，因此也称"贸易风"。在低层大气中，气流从副热带高气压带流向赤道低压带，受地转偏向力影响，北半球气流运行向右偏转，形成东北信风；南半球气流向左偏转，形成东南信风。

● 风和风级

风就是指空气相对于地面的运动。人们看不见风，但总能感觉到风的存在。形成风的直接原因是水平气压梯度力。风受外部环境的影响，表现形式多种多样，如季风、地方性的海陆风、山谷风、焚风等。简单地说，风就是大气的水平运动；人们一般用风速、风向来表示风的特征，在气象台站发布的天气预报中，我们常会听到这样的说法："东南风2到3级。"这里的"级"是表示风速大小的。根据风对地面及海面所造成的影响，将风分为13（0—12）个等级。

● 季风区与非季风区

在中国，人们把受夏季风影响明显的地区称为季风区，而把不受或很少受到夏季风影响的地区称为非季风区。夏季，受来自太平洋的东南季风和印度洋的西南季风影响明显,我国大陆降水丰沛。而由于夏季风难以到达大兴安岭—阴山—贺兰山—巴颜喀拉山—冈底斯山连线以西、以北的区域,因此夏季风影响较弱,降水较少。所以,该连线以东、以南地区为季风区,气候湿润;以西、以北地区为非季风区,气候干旱。

● 气旋与反气旋

在大气中,存在着许多同水里一样的旋涡运动,它们有的呈逆时针旋转,有的呈顺时针旋转;有的一面旋转一面向前运动,有的停在原地很少移动。在气象学中,人们把这种大气中的旋涡称为气旋和反气旋。气旋是中心气压比四周低的水平旋涡,因此也叫低压。受地转偏向力影响,在北半球气旋区域内空气作逆时针方向流动,在南半球则相反;反气旋是中心气压高四周气压低的水平旋涡,因此也叫高压。受地转偏向力影响,在北半球反气旋区域内的空气做顺时针方向流动,在南半球则相反。一般,气旋中心空气被迫抬升过程中遇冷凝结,容易成云致雨;反气旋气流下沉升温,不易凝结,不利于雨的形成,因此,当受反气旋控制时,多为晴好天气。

● 下垫面

下垫面是指与大气下层直接接触的地球水陆表面。它包括地形、地质、土壤和植被等,是影响气候的重要因素之一。下垫面对大气的影响主要表现在两个方面:一是对气温的影响。对于低层大气而言,几乎不能吸收太阳辐射,所以,地面辐射成为它的直接热源;二是大气中的水分。主要来自海洋、湖泊、河流和潮湿物体表面的水分蒸发。

● 云

漂浮在天空中的云是由许多细小的水滴、冰晶或二者的混合体组成的。地球上的水分受到阳光的照射,不断蒸发、升腾、混入大气中,水汽随着温暖的上升气流升入高空后,温度逐渐变低,水汽达到过饱和状态，于是凝结成大量细微的水滴，这些小水滴集合在一起便形成了云。当云内温度高于0℃时，云由水滴组成，当云内温度低于0℃时，由过冷水滴和冰晶或仅仅由冰晶组成。

● 云的分类

根据云底的高度，人们将云分为高、中、低3族：高云云底高度6000米以上，完全由冰晶组成。中云高度2500—6000米，由水滴、过冷水滴与冰晶混合组成。低云高度在2500米以下，基本由水滴组成。降水一般发生在低云系；按照云的形态，又可以将云分为积云、层云、卷云3种：积云一般云内不稳定，呈团状垂直发展，常可以形成阵雨天气。层云云体均匀成层，片状发展，系统的层状云常可以带来大范围降水。卷云呈丝状、碎片状或条状，云薄且透光良好，一般不会带来雨雪。

● 雾

雾是水汽凝结成的细小水滴或冰晶在贴近地面的大气中组成的悬浮体，当这种水汽凝结物使水平能见度小于1千米时称之为雾。它的形成主要是由近地面空气降温增湿所引起。根据降温增湿形式的不同，可以将雾分为辐射雾、平流雾、蒸发雾和锋面雾等。雾的危害很大，它影响人类交通活动，使能见度降低，交通效率下降。此外，由雾引起的大气污染对人体危害也很大，雾中含酸、碱、盐、胺、病原微生物等有害物质较普通水滴高数十倍。雾在山区多水的盆地形成最多，中国的重庆就是有名的雾都。

● 冻雨和雨凇

冻雨是由过冷水滴组成，与温度低于0℃的物体碰撞立即冻结的降水，是初冬或冬末春初时节的一种灾害性天气。低于0℃的雨滴在温度略低于0℃的空气中能够保持过冷状态，其外观同一般雨滴相同，当它落到温度为0℃以下的物体上时，立刻冻结成外表光滑而透明的冰层，称为雨凇。严重的雨凇会压断树木、电线杆，使通讯、供电中断，妨碍公路和铁路交通，威胁飞机的飞行安全。

● 雪

地球上的降水分为两种形式：一种是液态降水，就是下雨；另一种是固态降水，就是下雪、雹、霰等。在云内温度低于0℃时，云由过冷水和冰晶或仅由冰晶组成，水汽不断在冰晶上凝结，使冰晶不断增大，当增大到一定程度，克服空气的阻力和浮力时便落到了地面，这就是雪花。雪花是由小冰晶增大而形成，而冰的分子以六角形为最多，因此，我们看到的雪花多是六边形的。对于降雪等级的测量，通常是以雪融化后的水量来衡量的。

● 雪线

夏季，在积雪的高山上，我们能清晰地看到一条黑白分明的界线，那就是雪线，它是年降雪量与消融量处于平衡的地带，由气温、降水量和地形条件决定其分布高度。同一地方的雪线位置不是固定不变的，季节的变化能够引起雪线的升降：夏季气温高，雪线上升；冬季气温低，雪线下降。这种临时的界线称为季节雪线。夏季的雪线位置较稳定，每年都回复到比较固定的高度，因此雪线高度的测定应在夏季。珠穆朗玛峰北坡雪线在1966—1968年观测高度为6200米，是迄今已知北半球最高的雪线。

● 霜与霜冻

秋冬季节的早晨，我们常看到树叶上、建筑物、地表面等上面铺盖着一层白色的晶体，这就是霜。它是由于地面或地物表面因散热而降到0℃以下时，空气中的水汽达到饱和而在地面或地物表面上凝华而成的白色小冰晶。露的形成过程与霜相同，差别仅在于地表的温度未降至0℃时形成的是液态的露；霜冻是夜晚近地面气温短时间降到0℃以下，致使作物受到损害的一种低温冷害现象。它与霜是两个不同的概念，有霜不一定会出现霜冻。

● 雾凇

雾凇俗称树挂，是一种因水汽凝结而附着于地面物体迎风面上的白色或乳白色不透明冰层。雾凇在中国北方很普遍，在南方高山地区也很常见，只要雾中有过冷却水滴，并达到一定温度就可以形成。"忽如一夜春风来，千树万树梨花开"是吉林雾凇的真实写照，它与桂林山水、云南石林、长江三峡并称为中国四大自然奇观，每年12月中旬至次年2月末是观赏吉林雾凇的最佳时机。

● 梅雨

梅雨是东亚地区特有的天气现象，仅出现在中国长江中下游至朝鲜半岛南部和日本东南部地区。每年6月中旬到7月上旬前后，长江中下游地区，主要是自宜昌以东长江流域，受副热带高压西侧气流控制，从暖湿海面输送大量水汽，形成了一段天空连日阴沉，降水连绵不断的阴雨天气，因时值江南梅子黄熟之时，故称梅雨或黄梅雨。梅雨季节开始的一天称为"入梅"（6月6—15日），结束的一天称为"出梅"（7月8—19日）。我国南方有"雨打黄梅头，四十五日无日头"的谚语流传。

● 火烧云

在清晨太阳刚刚升起，或傍晚太阳快要落山的时候，经常能够看到天边的云彩是红彤彤的一片，像被火烧过一样，人们把这种通红的云，叫作火烧云，又叫朝霞或晚霞。形成火烧云的原因是，空气的分子和空气里飘浮着无数的尘埃和小水滴，当阳光照射时发生散射作用，波长较短的紫、蓝色光很容易被散射削弱，而波长较长的红、橙色光则很难被散射，削弱作用极小。这些红、橙色光照射在云层上，就形成了鲜艳的彩霞。火烧云可以预测天气，民间流传有谚语"早烧不出门，晚烧行千里"，就是说，火烧云若出现在早晨，天气可能变坏；若出现在傍晚，第二天会是个好天气。

● 虹和霓

雨过天晴时，天空中残留着许多小水滴，当太阳光射入水滴，就会产生折射和反射，由于不同颜色的光波长度不同，因此产生不同程度的折射，红光折射率最小，紫色折射率最大，橙、黄、蓝、绿、青各色光的折射率介于红、紫之间。因此，人们就看到了一条内紫外红的弧形彩色光带，这就是虹。有时，在虹的外侧人们还能看到第二道虹，那第二道称为副虹或霓，它是太阳光经过两次折射和两次反射形成的，因此色序相反，呈外紫内红，颜色比虹稍淡。

● 四大火炉

"火炉"城市是中国对天气酷热城市的称呼。科学上用出现35℃以上高温日的多少来衡量一个城市的炎热程度，一年中最高气温超过35℃的日子达20天，而且出现过40℃以上高温的城市称为"火炉"。长江流域的南昌、重庆、武汉、南京被称为中国"四大火炉"。根据历史气象资料，这4座城市夏季高温天气多，夜间气温高，空气湿度大，而其中最闷热无风的要数南昌。近年来，达到"火炉"标准的城市不断增多，"火炉"已不仅是这4座城市的专用词了。

● 中国冷极、热极

漠河位于中国的最北端，是中国最冷的地方，属于寒温带季风型大陆气候，冬季漫长、严寒、低温多雪，夏季高温多雨，昼夜温差大。漠河年平均气温在-5℃以下，夏季最高温度可达38℃，冬季最低温度曾达-52.3℃；素有"火洲"之称的吐鲁番盆地是中国的热极。吐鲁番属典型的大陆性干旱荒漠气候，在盛夏的7月，每日平均温度都在33℃以上，高于40℃的天数也有28天。1975年7月13日，在吐鲁番民航机场观测到了49.6℃的全国最高气温。

● 中国雨极、旱极

宝岛台湾地处热带亚热带季风区，是中国降水最多的省份。位于台湾东北面的火烧寮，年降水量高达6576毫米，1912年甚至达到8408毫米，成为中国名副其实的雨极；中国降水最少的地区是位于吐鲁番盆地西北侧的托克逊，年降水量只有6.9毫米，有时甚至终年无雨，被认为是中国的旱极。而塔克拉玛干沙漠内部降水更少，是中国真正的旱极。

● 世界气候之最

世界旱极——阿塔卡拉沙漠，年均降水量9毫米。
世界寒极——南极洲，1960年8月测得最低温度-88.3℃。
世界热极——阿齐济耶，1922年测得最高温度57.8℃。
世界湿极——怀厄莱阿莱峰，年降水量11684毫米。
世界雨极——乞拉朋齐，1961年曾降水26461毫米。

● 中国最早的气象台站

中国建立气象台站已有260多年的历史。据《中国气象史》介绍，中国最早的气象台称测候所，是1743年由法国天主教士哥比在北京建立的，以后陆续建立了多个气象台站。北京地磁气象台：由俄国教会建立于1849年；上海徐家汇观象台：由法国教会建立于1872年；香港天文台：由英国政府建立于1883年；台北测候所：由日本中央气象台建立于1896年；青岛观象台：由德国海军建立于1898年；哈尔滨测候所：由俄国"中东铁路建设局"建立于1898年；北京中央观象台：由民国政府教育部建立于1912年；延安气象台：由中国建立于1945年。

河流湖泊

中国河湖众多，地区分布不均，河流多发源于西部，湖泊主要集中在长江中下游和青藏高原两个地区。由于地势高差悬殊、径流丰沛等原因，中国拥有丰富的水力资源，据统计，中国水能资源蕴藏量达6.89亿千瓦，居世界第一位。

● 流域和水系

流域是地表水与地下水分水线所包围的集水区，这个集水区分地面集水区和地下集水区两类。如果地面集水区和地下集水区相重合，称为闭合流域，如不重合，则称为非闭合流域。因地下水分水线很难确定，所以平时我们所说的流域，一般都指地面集水区。根据流域中的河流最终是否入海，可将其分为内流区（内流流域）和外流区（外流流域）。河道干流的流域由所属各级支流的流域组成，大大小小的河流，构成脉络相通的系统，称为河系或水系。

● 海与洋

海洋的中心主体部分称为洋，边缘附属部分称为海。海与洋之间彼此连通，共同形成世界统一的海洋整体。它们之间有4个区别：大洋面积大，约占海洋总面积的89%。海的面积小，只占总面积的11%；大洋深度大，平均水深在3000米以上，最深处达1万多米。海的水深较浅，平均水深在2000—3000米，有的只有几十米深；大洋有独立的洋流与潮汐系统。海则受大洋系与潮波的支配；大洋远离陆地，不受陆地影响，水温和盐度的变化不大，水色蔚蓝透明，杂质很少。海临近大陆，受大陆、河流、气候和季节的影响，温度、盐度有明显的变化，河流入海处，近岸海水混浊不清，透明度差。

● 大陆架

大陆架是环绕大陆的浅海地带，是大陆向海洋的自然延伸，被认为是陆地的一部分，又叫陆棚或大陆浅滩。全球大陆架总面积约2710万平方千米，占海洋总面积的7.5%。地形一般较平坦，宽度在数千米至1500千米间，深度一般低于200米。上面有小的丘陵、盆地和沟谷分布，它们原为海岸平原，因海面上升沉溺于水下，只有局部基岩裸露。大陆架资源丰富，已发现石油、煤、天然气、铜等20多种矿产，探明的石油储量是地球石油储量的1/3。大陆架浅海区是海洋动植物繁殖的良好场所，全世界的海洋渔场大部分位于大陆架海区。

● 边缘海

边缘海又称陆缘海，是位于大陆边缘，其一侧以大陆为界，另一侧以岛屿、群岛或半岛与大洋分隔，仅以海峡或水道与大洋相连的海域。如黄海、东海、鄂霍次克海、日本海等都是边缘海。

● 内流河

内流河是不流入海洋而注入内陆湖或消失在沙漠里的河流。多分布在降水稀少的半干旱和干旱地区，发育在封闭的山间高原、盆地和低地内，支流少而短小，绝大多数河流单独流入盆地，缺乏统一的大水系，水量少，多数为季节性的间歇河，其水分作内循环。内流河分布的区域称内流区或内流流域。中国最长的内流河是塔里木河，世界上最长的内流河是伏尔加河。

● 外流河

外流河是直接或间接流入海洋的河流。主要分布于东部季风区，河水量受降水影响大，河流的流量、水位随降水的季节变化明显，夏季普遍形成汛期。外流河与内流河的水系构成、水汽来源、水分循环方式及水文变化规律均显著不同。外流河往往形成庞大水系，河流水量大，大多数为常流河，其水分主要做外循环，把陆地上大量的径流量输送到海洋。外流河分布的区域称外流区或外流流域。

● 坎儿井

新疆吐鲁番盆地和哈密盆地是中国最干旱的地区之一，但春夏时节有大量融化的积雪和雨水流下山谷，当地人利用山地的坡度，巧妙地创造了坎儿井。坎儿井不因炎热、狂风而使水分大量蒸发，因而流量稳定，保证了自流灌溉。与其说坎儿井是"井"，不如说是人工开凿的地下河。它利用天山山前盆地的特殊地理环境，由高到低将地下含水层的水导上来。坎儿井一般由竖井、暗渠、明渠和涝坝4部分组成。吐鲁番现存的坎儿井多为清代以来陆续修建，至今仍灌溉着大片绿洲良田。

● 洋流

洋流又称海流，是海洋中海水沿一定方向，具有相对稳定速度的非周期性大规模运动。按其成因可分为风海流、密度流和补偿流。风海流因风的作用而形成；密度流因海水密度分布不均而引起；补偿流则因海水从一个海区大量流失，而另一海区的海水来补充而形成，垂直方向上的补偿流称为升降流。按其本身与周围海水温度的差异可分为暖流和寒流。暖流本身水温高于所经过的海区，寒流则相反。寒暖流交汇的海区，可以将下层营养盐类带到表层，为鱼类提供饵料，使得鱼群集中。世界四大渔场的形成皆与洋流密切相关：北海道渔场，由日本暖流与千岛寒流交汇形成；纽芬兰渔场，由墨西哥湾暖流与拉布拉多寒流交汇形成；北海渔场，由北大西洋暖流与东格陵兰寒流交汇形成；秘鲁渔场，因秘鲁沿岸的上升补偿流形成。

● 径流

径流是指降水和冰雪融水在重力作用下，沿地表或地下流动的水流。按其流动方式可以分为地表径流和地下径流两类。径流是水循环和水量平衡的基本要素，是引起河流、湖泊和地下水等水体水情变化的直接因素。河流多年平均径流总量是水资源的重要特征。

● 潮汐

海水在日、月引潮力作用下引起的海面周期性涨落现象称为潮汐，一般一个太阴日（1太阴日=24小时50分）有两次涨落，白天的称潮，晚上的称汐。形成潮汐的主要原因是太阳、月亮、地球相对位置的变化。每个月满月或新月的时候，太阳、月球与地球成一直线，强大的引力引起大潮。而在上弦月或下弦月时，因太阳与月球对地球的引力方向不同，海水涨退高度差距较小，所以会出现小潮。潮汐与人类关系密切，海港工程、航运交通、渔、盐、近海环境研究与污染治理等都受潮汐所影响。

● 七大江河

中国国土960万平方千米，江河不计其数，流域面积超过100平方千米的河流就有50000多条，流域面积在1000平方千米以上的河流也有1500多条。其中，长江、黄河、淮河、海河、珠江、辽河、松花江7条江河，总流域面积430多万平方千米（约占全国外流河流域面积的70%），年水量15400亿立方米（约占全国年水量的60%），这就是通常所说的"七大江河"。

● 长江

长江是中国第一大河,世界第三长河。正源沱沱河发源于青藏高原唐古拉山的主峰各拉丹冬雪山,流经青海、西藏、四川、云南、重庆、湖北、湖南、江西、安徽、江苏、上海11省(区、市),全长6300千米,流域面积180万平方千米,年径流量9600亿立方米。以湖北宜昌和江西湖口为界,将其分为上、中、下游。上游穿行于高山深谷之间,蕴藏着丰富的水力资源,有长江三峡、葛洲坝等著名水利工程。长江也是东西水上运输的大动脉,有"黄金水道"之称。中下游地区温暖湿润、土地肥沃,是中国工农业发达的地区。

● 黄河

黄河是中国第二长河,发源于青藏高原巴颜喀拉山北麓,流经青海、四川、甘肃、宁夏、内蒙古、陕西、山西、河南、山东9省(区),注入渤海,全长5464千米,流域面积75.24万平方千米。以河口镇和旧孟津为界,分上、中、下游。从高空俯瞰,恰似一个巨大的"几"字。黄河泥沙含量世界第一,每年泥沙流量达16亿吨。下游河段长期淤积,形成举世闻名的"地上悬河"。黄河水力资源丰富,坐落着青铜峡、小浪底等大型水利工程。历史上,黄河流域曾经长时期作为中国政治、经济和文化中心,被誉为"中华文化的摇篮"。

● 珠江

珠江是中国的第三大河,旧称粤江,原指广州到虎门一段入海水道,现为西江、北江、东江的总称。跨云南、贵州、广西、广东、湖南、江西6省(区),主要干流总长1.1万千米,流域面积45万多平方千米,年径流量3360亿立方米,是中国各大河流中含沙量最小、汛期最长的河流。主流西江,发源于云南省沾益县马雄山。珠江流域内多为山地和丘陵,下游有著名的冲积平原珠江三角洲。珠江水力资源丰富,水运、水电发达，两岸有我国最早的经济特区深圳市、珠海市。

● 淮河

淮河发源于河南省南部的桐柏山，地跨河南、安徽、江苏、山东及湖北5省，全长1000千米，流域面积27万平方千米。上游山丘起伏，水系发达；中游地势平缓，多湖泊洼地；下游地势低洼，水网交错。流域地处我国南北气候过渡带，属暖温带半湿润季风气候，冬春干旱，夏秋多雨，年平均气温11℃—16℃。习惯上，把秦岭—淮河一线作为我国南北气候带的分界线。淮河流域物产丰饶，内河航运便利，是我国重要的工农业发达地区。

● 黑龙江

黑龙江流经中国、俄罗斯、蒙古，注入鞑靼海峡，全长4350千米，流域面积184.3万平方千米。以黑河市和乌苏里江口为界，将其分为上、中、下游。上中游部分河段为中俄界河，下游主要在俄罗斯境内。中国境内的黑龙江全长3420千米，流域面积90万平方千米，总径流量2709亿立方米。沿江两岸土壤黑色腐殖质溶解于水中，江水略呈黑色，因而得名黑龙江。黑龙江有两源，北源石勒喀河发源于蒙古北部的肯特山东麓，南源额尔古纳河发源于大兴安岭西侧的古勒老奇山。两源在漠河镇西部的恩和哈达汇合后始称黑龙江。流域内森林及金、煤等资源丰富，水产品以大马哈鱼和鳇鱼最为著名。

● 怒江

怒江发源于青藏高原唐古拉山，流经西藏和云南两省（区），于云南省潞西市流出国境，出境后称萨尔温江。怒江全长3675千米，流域面积32.5万平方千米，径流量约700亿立方米。习惯上以西藏林芝察隅县色邑达和云南怒江六库为分界点，将其分为上、中、下游。怒江流域西北高、东南低，地貌复杂，上游属高原地貌；中游为高山峡谷地貌；下游为中低山地貌。怒江干流水量丰沛、落差集中，水能资源非常丰富，是我国开发条件较好的水电基地之一。

● 金沙江

金沙江发源于唐古拉山脉主峰各拉丹冬雪山北麓，是西藏和四川的界河。全长2316千米，流域面积34万平方千米。金沙江属长江江源水系，汇成通天河注入横断山区后称为金沙江。通常以德格县白曲河口和马塘县玛曲河口附近为分界点，将其分为上、中、下游，上游为峡宽相间河谷段，中游为深切峡谷段，下游为峡谷间窄谷段。金沙江流域内矿物、水力资源极为丰富，但流急坎陡，江势惊险，航运困难。

● 乌苏里江

乌苏里江是黑龙江的主要支流，右源出于兴凯湖，左源出于俄罗斯熄火特山脉，两源汇合后，自南向北流过中俄边境，注入黑龙江，全长890千米，流域面积近19万平方千米，年径流量639亿立方米。自其支流松阿察河流入之处起，至江水与黑龙江汇合之处，是中国与俄罗斯的界河。乌苏里江大部分河段都在低平的平原上，穿行于低洼、沼泽之间。流域内矿产、水产、农产品都极为丰富。此外，乌苏里江水流平稳，便于航运。

● 图们江

图们江位于吉林省东南边境，是中国与朝鲜的界河，干流流经和龙、龙井、图们、珲春4市，最终注入日本海，全长525千米，流域面积我国一侧2.2万平方千米。习惯上以三河镇与甩弯子将其分为上、中、下游。上游两岸山势陡峻、多峭壁；中游流域开阔，人群密集，一些地区形成较宽的河谷盆地；下游地势开阔平坦，多为河谷平原。2009年11月，国务院已正式批复图们江区域合作开发规划，这是中国政府迄今为止批准的唯一一个沿边开发开放区域规划。

● 松花江

松花江是黑龙江的最大支流，全长1657千米，流域面积55万平方千米，年径流量759亿立方米，通航里程1447千米。松花江有两源，北源嫩江出于大兴安岭伊勒呼里山，南源为松花江正源，出于长白山天池。两源在黑龙江省和吉林省交界的三岔河汇合后即松花江干流。冬季的松花江，气候严寒，有时气温会降至−30℃，结冰期长达5个月。流域内土壤肥沃，农产丰富。此外，松花江水力资源丰富，有被誉为"中国水电之母"的丰满水电站。

● 钱塘江

钱塘江发源于安徽省休宁县西南，至浙江杭州流入杭州湾，全长605千米，流域面积4.88万平方千米，年径流量431亿立方米。因其河道曲折呈"之"字，故又名之江、曲江、浙江。每年农历八月十八，是观赏钱塘潮的最佳时期，潮头高达8米左右，汹涌澎湃，气势宏伟，实为天下奇观。

● 汉江

汉江又称汉水，古时与长江、黄河、淮河并称"江河淮汉"。它发源于秦岭南麓的陕西省宁强县，干流流经陕西、湖北、四川、甘肃、河南5省，全长1577千米，流域面积15.9万平方千米，年均径流量582亿立方米，就长度而言是长江第一大支流。汉江流域铅、锌、铜、锑等矿产资源丰富，流域内农业发展较早，是我国主要的商品粮基地。在汉江上，还坐落着我国著名的丹江口水利枢纽。

● 湘江

湘江又名湘水，是湖南省第一大河流，也是长江中游的重要支流。

它发源于广西壮族自治区灵川县海洋山西麓的海洋坪，自西向东北蜿蜒而下，斜贯湖南省境，最终注入洞庭湖，干流全长856千米，流域面积9.46万平方千米，沿途大小支流1300多条。习惯上以零陵和衡山为分界点将其分为上、中、下游。湘江与其最大的支流潇水汇合处（今湖南永州零陵区）称潇湘，永州也雅称潇湘，潇湘因此而得名，以后也用潇湘泛称湖南全境。

● 澜沧江

澜沧江发源于青藏高原唐古拉山，流经青海、西藏、云南进入缅甸，流出中国国境后称为湄公河。全长2354千米，流域面积16.5万平方千米。澜沧江上中游河道穿行在横断山脉间，两岸高山对峙；下游沿河多河谷平坝。河道中因险滩急流较多，能够航行的水域极少。

● 嘉陵江

嘉陵江发源于秦岭之巅，是长江水系中流域面积最大的支流，全长为1119千米，流域面积16万平方千米。以昭化、合川为界将其分为上、中、下游。上游河谷狭窄，水流湍急，常有滑坡、泥石流现象；中游河床平缓宽阔，河曲发育；下游有3处峡谷，峭拔幽深，形势险要，雄伟壮丽，素有"小三峡"之称。流域内降雨丰沛，植被覆盖率低。上游黄土区土质疏松，水土流失严重，河水含沙量大。此外，嘉陵江是我国水力资源开发条件较好的水域之一。

● 雅鲁藏布江

藏语"雅鲁藏布"意为"从高山上流下来的水"。雅鲁藏布江是世界上海拔最高的大河，平均海拔4000米以上，发源于喜马拉雅山脉北麓的杰马央宗曲冰川，自西向东横贯青藏高原南部，流经印度、孟加拉国后注入印度洋，全长2057千米，流域面积约24万平方千米。以里孜、派区为界，将其分为上、中、下游，上游称马原河，里孜以下称雅鲁藏布江。水能资源蕴藏量仅次于长江，居我国第二位。雅鲁藏布江流域人口、耕地、工农业产值占全西藏一半以上，拉萨、日喀则等城镇都坐落在流域内，是西藏的政治、经济、文化中心。

● 海河

海河水系由南运河、北运河、大清河、子牙河、永定河5条干流及300多条支流组成，干流在天津市三岔河口汇入海河，最终流入渤海。自金钢桥以下到大沽口入渤海湾，长73千米，流域面积26.4万平方千米。河脉纵横交错，呈扇形斜铺在华北大地。海河曾给人们带来过很多灾难，现流域内已修建了多座水库，这些水库以防洪为主，兼有灌溉、供水、发电等作用。历史上，海河曾是战争、商业等交通的大动脉，记载了天津地区的辉煌历史和商业兴盛。

● 辽河

辽河被称为辽宁人民的"母亲河"，是中国东北地区南部的最大河流，全长1430千米，流域面积22.9万平方千米。流经河北、内蒙古、吉林和辽宁4个省（区），由盘山注入渤海。辽河有两源，以西辽河上源老哈河为正源，发源于河北、内蒙古交界处的七老图山脉；东辽河发源于吉林省的哈达岭。东、西辽河在铁岭市古榆树镇汇合后称辽河。历史上，辽河下游经常泛滥改道，有时从营口入海，有时从盘山入海。20世纪50年代后，经过大力整治，辽河已吞并了双台子河道，固定由盘山入海，并与浑河、太子河（历史上认为是辽河一源）完全分离，形成各自独立的入海水系。

● 额尔齐斯河

额尔齐斯河是中国唯一流入北冰洋的河流，发源于阿尔泰山西南坡，山间两支源头喀依尔特河与库依尔特河汇成额尔齐斯河，自东南向西北奔流，流入哈萨克斯坦境内，再向北经俄罗斯的鄂毕河注入北冰洋，全长5410千米，中国境内546千米，流域面积5.7万平方千米。额尔齐斯河宽广浩荡，年径流量达119亿立方米。流域内自然风光绮丽，一年四季各具特色。北屯河段的河谷次生林生长茂密，素有"杨树基因库"之称。

● 塔里木河

塔里木河位于新疆南部的塔里木盆地，是中国最大的内流河。由发源于天山山脉和昆仑山脉的阿克苏河、和田河与叶尔羌河等3条河汇流而成，环塔克拉玛干沙漠北缘，自西向东流入台特玛湖，全长2437千米，流域总面积102万平方千米。水域内众多的河流湖泊，孕育了片片绿洲，胡杨林、草场、农田、村舍，给这里带来了无限生机。塔里木河是保障塔里木盆地绿洲经济、自然生态和各族人民生活的生命线，被誉为"生命之河""母亲之河"。

● 浊水溪

浊水溪是中国台湾省最长的河流，位于台湾省本岛中部西侧，发源于中央山脉合欢山主峰与东峰之间，因河水常年混浊而得名。浊水溪全长约186千米，流域面积约3115平方千米，流经南投、彰化、云林3县，其下游土壤肥沃，为台湾省重要农业区之一。浊水溪是台湾省水力资源最丰富的河流，已建有日月潭水电站、万大水电站等大型电站。

● 湖泊

湖泊与矿产、森林、土地等一样，是一种资源，它是在地壳构造运动、冰川作用、河流冲淤等地质作用下，陆地表面洼地积水形成的比较宽广的水域。按湖水盐度高低可分为咸水湖、淡水湖和盐湖。按成因可分为河迹湖、海迹湖、溶蚀湖、冰蚀湖、构造湖、火口湖和堰塞湖。中国湖泊众多，但在地区分布上很不均匀。总的来说，东部季风区，特别是长江中下游地区，分布着中国最大的淡水湖群；西部以青藏高原湖泊较为集中，多为内陆咸水湖。

● 内流湖与外流湖

湖水不能流入海洋的湖泊称为内流湖，通常分为咸水湖和盐湖两种。一般出现在内陆地区，远离海岸，其供水主要以内流河、地下水为主。青海湖、纳木错等都是内流湖；湖水与河流相通，最终汇入海洋的湖泊称为外流湖，供水多受雨水及河流水情控制。鄱阳湖、洞庭湖、鄂陵湖等都是外流湖泊。

● 堰塞湖

堰塞湖是由火山熔岩流、冰碛物或由地震活动等原因引起山崩滑坡体等堵截山谷、河谷或河床后贮水而形成的湖泊。由火山熔岩流堵截而形成的湖泊又称为熔岩堰塞湖。堰塞湖的堵塞物不是永固不变的，它们也会受冲刷、侵蚀、溶解、崩塌等等。一旦堵塞物被破坏，湖水便倾泻而下，形成洪灾，而且可能伴随次生灾害的不断发生。因此，必须以人工挖掘、爆破、拦截等方式来引流或疏通湖道，使其汇入主流流域或分散到水库，以免造成洪灾。

● 五大淡水湖

淡水湖是湖水含盐量较低的湖泊。中国的淡水湖主要分布在长江中下游平原、淮河下游和山东南部，这一地带的湖泊面积约占全国湖泊总面积的1/3。中国的鄱阳湖、洞庭湖、太湖、洪泽湖、巢湖五大淡水湖都分布在这一地区。

● 鄱阳湖

鄱阳湖是中国最大的淡水湖，位于江西省北部、长江南岸，汇集赣江、修水、饶河、信江、抚江5河之水注入长江。其形似葫芦状，南北长170千米，东西宽18.8千米，最大宽度74千米，面积3583平方千米，平均水深5.1米，最大深度约16米。通常以都昌和吴城间的松门山为界，将其分为南北两湖，这两湖是鄱阳湖的主要水体。湖内水产资源丰富，盛产鱼类、贝类、虾、蟹、莲、藕等。湖区有丹顶鹤、灰鹤、天鹅等珍贵鸟类，是世界上最大的鸟类自然保护区，鄱阳湖素有"珍禽王国"之称。

● 洞庭湖

洞庭湖古称云梦泽，是中国第二大淡水湖，地跨湘鄂两省，北连长江，南接湘江、资江、沅江、澧水，号称"八百里秦川"。平水期湖泊面积2820平方千米，平均水深6.5米，最大深度31米。洞庭湖浩瀚迂回，山峦突兀，最大特点是湖外有湖，湖中有山，渔帆点点，芦叶青青，水天一色。洞庭湖是著名的"鱼米之乡"，盛产稻米、棉花等，湖内水产丰富，航运便利。岳阳楼、君山、湘妃墓、屈原祠等都是洞庭湖地区的旅游胜地。

● 太湖

太湖古称震泽，是中国第三大淡水湖，跨江苏、浙江两省，是长江和钱塘江泥沙淤积形成的堰塞湖。湖长68千米，平均宽35.7千米，面积2425平方千米，湖面海拔约3米，平均水深2.1米。主要水源有苕溪和荆溪等。太湖水系水网发达，土壤肥沃，利于灌溉和航运，是我国重要的商品粮基地和三大蚕桑基地之一。无锡山水、苏州园林、宜兴洞天世界、洞庭东山和西山都是太湖地区的旅游胜地，湖光山色，美不胜收，素有"太湖天下秀"之称。

● 洪泽湖

洪泽湖古称破釜塘，唐朝始称洪泽湖，是我国五大淡水湖之一，位于江苏省西部淮河下游，是淮河流域最大的湖泊，面积2069平方千米，其中水域面积1597平方千米。洪泽湖是世界最大的"悬湖",湖底高出东部苏北平原4—8米,其主要水源是淮河。洪泽湖流域辽阔,水产丰富,尤其以螃蟹最为出名。同时洪泽湖也是淮河流域的大型水库、航运枢纽,特产品、禽畜产品的生产基地,素有"日出斗金"之名。

● 巢湖

巢湖又称焦湖,位于安徽省中部,是我国五大淡水湖之一。湖形呈鸟巢状,东西长78千米,南北宽44千米,面积820平方千米,湖面海拔10米,蓄水量36亿立方米,平均水深4.4米,最大水深5米。以姥山岛与忠庙一线为界,可将巢湖分为东、西二湖。西湖位于湖体西北,湖床较浅;东湖水面宽广,水域较深。流域内农业、水产、航运都较发达,是安徽省重要的粮、棉、麻生产基地。

● 青海湖

青海湖古称西海,蒙古语叫"库库诺尔",藏语叫"错温布",均为"蓝色湖泊"之意,是中国最大的内陆咸水湖。它位于青海省东北部,属断陷而成的构造湖。湖区呈菱形,为群山所环绕,长106千米,宽63千米,面积4653平方千米,湖面海拔3196米,平均水深19米。湖水来源主要依赖地表径流和湖面降水。青海湖风景秀丽,有著名的鸟岛自然保护区,这里栖息着种类繁多的鸟类,其中不乏珍稀品种。此外,青海湖还以盛产湟鱼而闻名。

● 镜泊湖

镜泊湖因其湖面水平如镜而得名,位于黑龙江省牡丹江上游张广才岭与老爷岭之间,是由火山爆发而形成的中国最大的高山堰塞湖。湖区周围有火山群、熔岩台地等。湖形狭长,南北长45千米,东西最宽处仅6千米,面积95平方千米,湖面平均海拔350米。镜泊湖风光秀丽,有吊水楼瀑布、大孤山、小孤山、珍珠门等著名旅游胜地。此外,湖区水域还盛产鲤鱼、红尾等40多种鱼类以及繁复珍奇的野生动植物资源。

大明湖

大明湖位于济南市区中心，与千佛山、趵突泉并称济南三大名胜。湖面面积46万平方千米，平均水深3米。久雨不涨、久旱不涸是大明湖两大独特之处。大明湖不仅风景优美，还蕴含着丰富的历史文化，历代建筑甚多，素有"一阁、三园、三楼、四祠、六岛、七桥、十亭"之说，建筑艺术水平高超，极具观赏价值。

西湖

杭州西湖位于浙江省杭州市城西，南北长3.3千米，东西宽2.88千米，总面积约为6平方千米，平均水深1.8米，最深处2.8米。它以其秀丽的湖光山色和众多的名胜古迹而闻名中外，是中国著名的旅游胜地，被誉为"人间天堂"。苏堤和白堤将湖面分成里湖、外湖、岳湖、西里湖和小南湖5个部分。1982年西湖被确定为"国家风景名胜区"，1985年被选为"全国十大风景名胜"。

呼伦湖

呼伦湖又名达赉湖，位于中国的东北边陲，内蒙古自治区呼伦贝尔盟的新巴尔虎左旗、新巴尔虎右旗和满洲里市之间的大草原上，有克鲁伦河和乌尔逊河注入。湖面为略呈东北—西南向的平行四边形，长80千米，宽约35千米，周长375千米，湖水面积为2000平方千米，蓄水量为111亿立方米，最大水深为8米，是内蒙古自治区第一大湖。它与草原南部、中蒙国境线上的贝尔湖，被人们称为呼伦贝尔大草原上的一对姐妹湖。

纳木错

"纳木错"为藏语，蒙古语名为"腾格里海"，两者都是"天湖"之意，世界上海拔最高的大湖，位于西藏西部，湖面近似长方形，东西长70千米，南北宽30千米，面积1916平方千米。纳木错湖水以念青唐古拉山的冰雪融化后补给为主，沿湖很多溪流注入，湖水清澈透明，水天一色，景色秀美。湖滨平原是良好的天然牧场，湖中盛产细鳞鱼和无鳞鱼类，湖区还产虫草、贝母、雪莲等名贵药材。

● 艾丁湖

艾丁湖又名觉洛浣，为中国陆地最低点，中国海拔最低的湖泊，湖面海拔-154.31米。艾丁湖维吾尔语意为"月光湖"，以湖水似月光般皎洁美丽而得名，位于吐鲁番盆地南部地势最低洼处，所处地区炎热少雨，湖水不断蒸发，许多湖面已变为深厚的盐层。湖水补给来自博格达山的河川径流、火焰山系的泉水以及山前平原的坎儿井水。艾丁湖地理位置特殊、热量资源丰富，是国内著名的观光地之一。

● 长白山天池

长白山天池又称白头山天池，位于吉林省东南部，是中国和朝鲜的界湖，我国最高最大的火山口湖。天池是松花江、图们江、鸭绿江3江之源，呈椭圆形，海拔2190米，南北长4.4千米，东西宽3.37千米，湖面面积9.82平方千米，平均水深204米。在天池周围环绕着16个山峰，天池犹如镶在群峰之中的一块碧玉。丰富独特的旅游资源，使之成为集生态游、风光游、边境游、民俗游四位于一体的旅游胜地。长白山天池水怪之谜，说法不下20多种，但至今仍无科学依据。

● 日月潭

日月潭是宝岛台湾最大的天然湖泊，又称龙湖或天池。湖中有小岛，将湖水分为两部分，其北水面圆，像太阳，其南水面弯，像月亮，因此人们称之为日月潭。日月潭面积7.7平方千米，平均深度19米。潭水碧蓝无垠，青山葱翠倒映，环山抱水，被誉为"岛内仙景"，是"台湾八景"之一，台湾著名的游览和避暑胜地。

● 黄果树瀑布

黄果树瀑布素有"中华第一瀑"的美誉，位于贵州镇宁县境内白水河上，以其雄奇壮阔的大瀑布，连环密布的瀑布群而闻名海内外。黄果树气势恢宏，落差74米，高81.2米，从高崖上跌落，发出轰鸣巨响。它与周围18个大小不同、姿态各异的瀑布组成庞大的瀑布群，即著名的"九级十八瀑"。它的独特之处还在于地面、地下、水上、水中的组合。瀑布半腰背后隐藏长达134米的水帘洞，由6个洞窗、5个洞厅、3股洞泉和6个通道组成。置身其中，水帘漫顶而下，雷霆轰响，给人魂惊神悚的体验。

● 壶口瀑布

壶口瀑布是中国第二大瀑布，世界上最大的黄色瀑布，位于山西吉县城西45千米，距临汾市165千米处的晋陕峡谷黄河河床中。黄河至此两岸石壁峭立，河口收束，狭如壶口，故名壶口瀑布。瀑布宽度随季节而变化，通常情况宽度约30米，汛期可达50米，落差20—30米。站在河边观瀑，听之如万马奔腾，视之如巨龙鼓浪，"水中冒烟""雷首雨穴""彩桥通天"等种种奇观，让人流连忘返。

● 吊水楼瀑布

吊水楼瀑布位于黑龙江省牡丹江上，是中国第三大瀑布。它是由镜泊湖湖水从其北面熔岩裂口溢出倾泻而下形成的，通常瀑布宽约40米，最大宽度可达200余米，落差20多米。每到冬季，长白山区成为林海雪原，吊水楼瀑布凝成冰帘，景色蔚为壮观。

● 大龙湫瀑布

大龙湫瀑布为浙江省雁荡山胜景，与黄果树瀑布、壶口瀑布、吊水楼瀑布并称中国四大瀑布。大龙湫瀑布高190米，是中国落差最大的瀑布之一，发源于百岗尖，流经龙湫背，从连云峰凌空泻下，十分壮观。大龙湫的独特之处还在于因季节、晴雨等变化而呈现出的迷人景象。夏季，雷雨初过，它像一条银龙，从半空中猛扑而下，气势雄壮。冬季，瀑流飞溅而下，阳光照射时，呈现出绚丽的五色长虹。阳春三月，大龙湫瀑布如珠帘垂下，不到几丈，便化作烟云。

● 德天瀑布

德天瀑布是中国第四大瀑布，位于广西南宁地区边陲大新县，在中越边境交界处，归春河上游。瀑布宽100米，高40米，若与紧邻的越南板约瀑布相连，则为亚洲第一大跨国瀑布。德天瀑布气势磅礴，呈三级跌落，雄奇瑰丽，变幻多姿，是中国特级旅游景点。

● 庐山瀑布

庐山瀑布位于江西省星子县庐山秀峰景区，悬于双剑、文殊二峰之间，瀑水被二崖紧束喷洒，如骥尾摇凤，故又名马尾水。庐山瀑布三叠泉被称为庐山第一奇观，旧有"未到三叠泉，不算庐山客"之说。站在三叠泉瀑布前观赏瀑布从三级磐石倾泻而下，景色蔚为壮观。历代诸多文人骚客在此赋诗题词，赞颂其壮观雄伟，给庐山瀑布带来了极高的声誉。最有名的要数唐代诗人李白的《望庐山瀑布》，已成千古绝唱。

● 济南趵突泉

趵突泉位于济南市区，有"天下第一泉"之称，与千佛山、大明湖并称为济南三大名胜。在略呈方形的泉池中，3股清泉自地下涌出，水极盛时高达数尺，其最大涌量达到24万立方米/日，水温常年在18℃左右。趵突泉与其附近的金线泉、漱玉泉、柳絮泉、马跑泉、皇华泉、卧牛泉等共同组成了趵突泉群。

● 无锡惠山泉

惠山泉位于江苏省无锡惠山山麓锡惠公园内，相传为唐大历年间无锡令敬澄开凿，因僧人惠照在此居住，故名惠山泉。泉分上、中、下3池，泉水清淳，沏茶酿酒实属上乘。尽赏天下泉水的"茶神"陆羽曾把它评为"天下第二泉"，所以人们也称它为"二泉"。中国著名艺术家华彦钧（阿炳）的一曲《二泉映月》闻名中外，更使"二泉赏月"成为冠绝天下的一处胜景。

● 杭州虎跑泉

虎跑泉有"天下第三泉"之称，位于西湖西南虎跑寺内。虎跑泉水从石英砂岩中渗过流出，涌水量2升/秒，泉水清澈见底，味甘醇厚。杭州有句俗话："龙井茶叶虎跑水"，龙井茶和虎跑水素称"西湖双绝"。在此观泉、听泉、品泉、试泉，其乐无穷。虎跑泉附近还有滴翠轩、叠翠轩、罗汉堂、钟楼、碑室、济公殿、济公塔、虎跑梦泉塑像、弘一法师之塔等众多景点。

● 镇江中冷泉

中冷泉也叫中濡泉、南冷泉，位于江苏省镇江金山寺西，原系江心激流中的清泉。用中冷泉沏茶，醇香甘冽。唐代刘伯刍喜品名泉，并将适宜煮茶的泉水分为七等，中冷泉水被评为第一。泉南镌刻的"天下第一泉"，为清代书法家王仁堪的手迹。南宋爱国诗人陆游曾到此，留下了"铜瓶愁汲中濡水，不见茶山九十翁"的佳句。

风景名胜

　　风景名胜区是资源集中、环境优美、具有一定规模和游览条件，可供人们游览欣赏、休憩、娱乐或进行科学文化活动的地域。中国地大物博，山川秀美，历史文化遗存众多，是世界上风景名胜最丰富的国家之一。

● 万里长城

　　长城位于中国北部，东起山海关，西到嘉峪关，全长约6700千米，被称作万里长城。其主体工程是绵延万里的高大城墙，大都建在山岭最高处，沿着山脊把蜿蜒的山势勾画出清晰的轮廓，塑造出奔腾飞跃、气势磅礴的巨龙。在万里城墙上，分布着上百座雄关隘口，成千上万座敌台、烽火台，打破了城墙的单调之感。各地的长城景观中，八达岭长城建筑得最坚固，保存得最完好，是观赏长城的最佳地点。万里长城是世界上修建时间最长、工程量最大的冷兵器战争时代的国家军事性防御工程，凝聚着我们祖先的血汗和智慧，是中华民族的象征和骄傲。

● 故宫

　　故宫旧称紫禁城，是明清两代的皇宫，世界现存最大、保存最完整的木质结构古建筑群，中国首批世界文化遗产之一。故宫始建于1406年，1420年基本竣工，占地约72.5万平方米，墙外护城河环绕，形成一个森严壁垒的长方形城池。故宫有正门午门、东门东华门、西门西华门、北门神武门4门。宫殿布局分为外朝与内廷两部分，外朝以太和殿、中和殿、保和殿为中心，是封建皇帝行使权力、举行盛典的地方。内廷以乾清宫、交泰殿、坤宁宫为中心，是封建帝王与后妃居住之所。气势雄伟、豪华壮丽的故宫是中国古代建筑艺术的精华。

● 秦始皇陵兵马俑

秦始皇陵兵马俑坑是秦始皇陵的陪葬坑，1974年3月被发现，位于距西安市30多千米的临潼县城。陪葬坑坐西向东，3坑呈"品"字排列。在深约5米的坑底，每隔3米架起一道东西向的承重墙，兵马俑排列在墙间空隙中。俑坑中最多的是武士俑，身高1.85米左右，最高的近2米。陶马高约1.5米，身长约2米，战车与实用车的大小相当。车兵、步兵、骑兵列成各种阵势，气势壮观。秦始皇陵兵马俑是世界考古史上最伟大的发现之一，被誉为"世界第八大奇迹"。

● 平遥古城

平遥古城位于山西省中部，是一座具有2700多年历史的文化名城，至今还有4.2万居民，基本保持着明清时期的历史风貌。平遥城墙总周长6163米，高约12米，把面积约2.25平方千米的平遥县城分为两个风格迥异的世界。城墙以内街道、铺面、市楼保留明清形制；城墙以外称新城，古代与现代建筑各成一体、交相辉映。平遥曾是清代晚期中国的金融中心，并有中国目前保存最完整的古代县城格局，被称作"研究中国古代城市的活样本"。

● 承德避暑山庄

承德避暑山庄位于河北省承德市北部，始建于1703年，历经康熙、雍正、乾隆3代皇帝，耗时89年建成，是清代皇帝夏日避暑和处理政务的场所，中国著名的古代帝王宫苑。避暑山庄不仅规模宏大，而且在总体规划布局和园林建筑设计上，都充分利用了原有的自然山水特点和有利条件，因山水、草原而就势，分区明确，园中有山，山中有园，绿草如茵，融会了江南水乡和北方草原的特色，成为中国皇家园林艺术荟萃的典范。

● 敦煌莫高窟

敦煌莫高窟是甘肃省敦煌市境内的莫高窟、西千佛洞的总称，是中国著名的四大石窟之一，也是世界上现存规模最宏大，保存最完好的佛教艺术宝库，至今保留有十六国、北魏、西魏、北周、隋、唐、五代、宋、西夏、元等朝代的洞窟492个，壁画4.5万平方米、泥质彩塑2415尊。近几十年来，国内外学者对敦煌艺术极感兴趣，不断进行研究，并形成了一个专门学科——敦煌学。

● 云冈石窟

云冈石窟位于山西省大同市以西16千米处的武周山南麓，依山而凿，东西绵延约1千米，气势恢宏，蔚为壮观。这些石像或正襟危坐、或击鼓敲钟、或手捧短笛、或怀抱琵琶，神态各异，栩栩如生。云冈石窟现存主要洞窟45个，大小窟龛252个，造像51000余尊，代表了公元5—6世纪时中国杰出的佛教石窟艺术。其中的昙曜五窟，布局设计严谨统一，是中国佛教艺术第一个巅峰时期的经典杰作。

● 龙门石窟

龙门石窟位于洛阳市区南面12千米处，始凿于北魏孝文帝迁都洛阳（公元494年）前后，后来，历经东西魏、北齐、北周，到隋唐至宋等朝代又连续大规模营造达400余年之久。伊水东西两山的峭壁上，石窟绵延长达1千米，现存窟龛2345个，题记和碑刻2680余品，佛塔70余座，造像10万余尊。龙门石窟最大的佛像高达17.14米，最小的仅有2厘米，这些都体现出了中国古代劳动人民极高的艺术造诣。

● 大足石刻

大足石刻是重庆市大足县境内主要表现为摩崖造像的石窟艺术的总

称，石刻群摩崖造像达75处，雕像5万余身，铭文10万余字。宝顶山和北山摩崖石刻最为著名，其以佛教造像为主，集佛教、道教、儒家造像艺术精华，堪称中国石窟造像艺术的典范，规模之宏大，艺术之精湛，内容之丰富，可与莫高窟、云冈石窟、龙门石窟媲美。大足石刻因地处内地山区，交通不便，幸免了历代战争的浩劫和人为破坏，具有很高的文物、雕刻和旅游价值。

● 苏州园林

苏州园林是指中国苏州城内的园林建筑，以私家园林为主，起始于春秋时期吴国建都姑苏时（公元前514年），形成于五代，成熟于宋代，兴旺于明代，鼎盛于清代。到清末苏州已有各色园林170多处，现保存完整的仅60多处。苏州园林占地面积并不大，但以意境见长，采用缩景的手法，以匾额、楹联、书画、雕刻、碑石、家具陈设、各式摆件等点缀，给人以小中见大的艺术效果，为苏州赢得"园林之城"的美誉。

● 孔庙、孔林、孔府

孔庙、孔府和孔林位于山东曲阜市，是中国唯一集祭祀孔子嫡系后裔的府邸和孔子及其子孙墓地于一身的建筑群。孔庙占地327.5亩，建筑物466间，前后有9进院落，纵向轴线贯穿整座建筑，左右对称，布局严谨，气势宏伟。孔庙中还存有大量的碑刻及画像砖，是研究中国古代书法和文化艺术的宝贵资料；孔庙的东侧是孔府，是孔子嫡长孙世袭的府第，现占地200余亩，有房舍480余间。官衙和住宅建在一起，是一座典型的封建贵族庄园。孔府藏有大量的历史档案、传世文物、历代服饰和用具等，都极其珍贵；孔林又称至圣林，占地3000亩，周围砖砌林墙长达14里，是孔子和他的后代子孙们的家族墓地。有的墓前还存有石雕的华表、石人、石兽。这些都是依照墓中人当时被封爵位的品级设置的，整个孔林沿用2500年，内有坟冢10余万座，其延续时间之久，墓葬之多，保存之完好，举世罕见。

● 安阳殷墟

安阳殷墟遗址又称商代遗址，位于河南省安阳市区西北郊，占地约24平方千米，距今已有3300多年历史。殷墟是闻名中外的中国商代晚期都城遗址，是中国历史上有文献可考、并为甲骨文和考古发掘所证实的最早的古代都城遗址。自1928年以来，先后发现宫殿、作坊、陵墓等遗迹，以及大量生产工具、生活用具、礼乐器和甲骨等遗物，全面、系统地展现出3300年前中国商代都城的风貌。

● 丽江古城

丽江古城位于云南省丽江市，又名大研镇，与四川阆中、山西平遥、安徽歙县并称为中国保存最为完好的四大古城。丽江古城历史悠久，古朴自然。城市布局错落有致，既具有山城风貌，又富于水乡韵味。丽江民居既融和了汉族、白族、彝族、藏族等多民族精华，又有纳西族的独特风采，是研究中国建筑史、民族发展史、文化史等不可多得的重要遗产。1997年12月，丽江古城被列入世界遗产名录。

● 布达拉宫

布达拉宫坐落在西藏自治区拉萨市西北的红山上，是一座规模宏大的宫堡式建筑群。最初是松赞干布为迎娶文成公主而兴建，17世纪重建后，成为历代达赖喇嘛的冬宫居所，也是西藏政教合一的统治中心。整座宫殿具有鲜明的藏式风格，依山而建，气势雄伟。布达拉宫是西藏自治区人民创造力的象征，中国最著名的古建筑之一。1961年，布达拉宫被列为我国第一批重点文物保护单位。1994年，被列入世界文化遗产名录。

● 高句丽王城、王陵及贵族墓葬

高句丽政权（公元前37年—公元668年）曾是中国东北地区影响较

大的少数民族政权之一，在东北亚历史发展过程中起到过重要作用。高句丽政权发轫于今辽宁省桓仁满族自治县，公元3年迁都至国内城（今吉林集安），427年迁都至平壤。桓仁与集安是高句丽政权早中期的政治、文化、经济中心，累计共465年，是高句丽文化遗产分布最集中的地区。今吉林省集安市的高句丽古迹群，仍分布着一万多座高句丽时代古墓及许多保存完好的墓室壁画。

● 澳门历史城区

澳门历史城区是中国境内现存年代最远、规模最大、保存最完整和最集中，以西式建筑为主、中西式建筑交相辉映的历史城区，当中包括中国最古老的教堂遗址和修道院、最古老的基督教坟场、最古老的西式炮台建筑群、第一座西式剧院、第一座现代化灯塔和第一所西式大学等。澳门历史城区见证了澳门400多年来中西方文化互相交流、多元共存的历史，城区大部分建筑都具有中西合璧的特色，且大部分至今仍完好地保存或保持着原有的功能。

● 开平碉楼与村落

开平市地处珠江三角洲西南部，是中国著名的侨乡、建筑之乡、艺术之乡、碉楼之乡。开平碉楼鼎盛时期达3000多座，现存1833座，这些碉楼是开平华侨与村民主动把国外建筑文化与当地建筑文化相结合的结晶，其数量之多，建筑之精美，风格之多样，在国内外乡土建筑中实属罕见。开平碉楼与村落及其中西文化交融的人文景观、自然生态、乡风民俗等保存得完整、真实，在特定的历史条件和地域环境中形成了独特的历史文化景观。

● 福建土楼

土楼俗称生土楼，因其大多数为福建客家人所建，故又称客家土楼。它是以生土作为主要建筑材料，掺上细沙、石灰、糯米饭、红糖、竹片、木条等，经过反复揉、舂、压建造而成。楼顶覆以火烧瓦盖，经久不损。土楼高可达四五层，供三代或四代人同楼聚居。福建土楼是东方文明的一颗明珠，它以历史悠久、种类繁多、规模宏大、结构奇巧、功能齐全、内涵丰富著称于世，具有极高的历史、艺术和科学价值。

● 乐山大佛

乐山大佛位于四川省乐山市，依岷江南岸凌云山栖霞峰临江峭壁凿造而成，又名凌云大佛，为弥勒坐像。佛像高71米，头长14.7米，头宽10米，肩宽24米，耳长7米，脚背宽8.5米，是世界上最大的石刻弥勒佛坐像，素有"佛是一座山，山是一尊佛"之称。乐山大佛具有一套设计巧妙、隐而不见的排水、隔湿和通风系统，对保护大佛起到了重要的作用。乐山大佛具有很高的艺术价值和丰富的文化内涵，是中华民族的文化瑰宝，是世界历史文化的宝贵遗产。

● 桂林山水

桂林位于广西东北部，以盛产桂花、桂树而得名，是世界著名的旅游胜地和历史文化名城。桂林山水是对桂林旅游资源的总称，典型的喀斯特地貌构成了别具一格的桂林山水，这里的山，平地拔起，千姿百态；这里的水，蜿蜒曲折，明洁如镜；山多有洞，洞幽景奇，瑰丽壮观；洞中怪石，鬼斧神工，琳琅满目，于是形成了"山青、水秀、洞奇、石美"的桂林"四绝"，自古就有"桂林山水甲天下"的赞誉。

● 岳阳楼

岳阳楼耸立于湖南省岳阳市西门城头、紧靠洞庭湖畔，历史上曾几经兴废，现存建筑是清光绪六年（公元1880年）所建，1983年按照"整旧如旧"原则落架大修，保持了清代原有的艺术风貌和建筑特色。岳阳楼高19.42米，进深14.54米，宽17.42米，为3层、4柱、飞檐、盔顶、纯木结构，风格奇异，气势壮阔。岳阳楼自古有"洞庭天下水，岳阳天下楼"之誉，北宋范仲淹脍炙人口的《岳阳楼记》更使岳阳楼名扬天下。

● 黄鹤楼

黄鹤楼位于湖北武汉市蛇山黄鹤矶头，与湖南岳阳楼、江西滕王阁合称中国三大名楼。相传始建于三国时期，历代屡毁屡建。现楼为1981年重建，楼址仍在蛇山。黄鹤楼主楼高49米，共5层，攒尖顶，层层飞檐，四望如一。整座楼雄浑之中不失精巧，富于变化的韵味和美感。历代名士崔颢、李白、白居易、贾岛、陆游、杨慎、张居正等，都先后到这里吟诗作赋，借景抒怀。

● 山海关

山海关位于河北省秦皇岛市东北15千米，也称榆关，1990年以前被认为是明长城的东端起点，1990年，辽宁省丹东市的虎山长城被发掘后，考古界认为虎山长城才应该是明长城的东端起点。山海关建于明朝洪武十四年（公元1381年），因地处角山、渤海之间，形势险要，故名山海关，是华北、东北的咽喉，为兵家必争之地，有"万里长城第一关""天下第一关"之称。明末吴三桂引清兵所入之关，即山海关。

● 三星堆遗址

三星堆遗址是中国西南地区的青铜时代遗址，位于四川广汉南兴镇。1980年起发掘，因3座突兀在成都平原上的黄土堆而得名。古遗址分布面积12平方千米，距今已有5000—3000年历史，是迄今在西南地区发现的范围最大、延续时间最长、文化内涵最丰富的古城、古国、古蜀文化遗址。现有保存最完整的东、西、南城墙和月亮湾内城墙。三星堆古遗址昭示了长江流域与黄河流域一样，同属中华文明的母体，被誉为"长江文明之源"。

● 神农架自然保护区

神农架自然保护区坐落在鄂西北的崇山峻岭之中，总面积3250平方千米。这里植物种类繁多，中草药资源种类达1300多种，有"药房"之称。广阔的原始森林和丰富的植物资源，为动物提供了良好的栖息环境，其中国家重点保护野生动物有金丝猴、华南虎、金钱豹、金雕等50多种，享有"天然动物园"的美名。神农架奇丽的自然景观，丰富的生物资源和浓厚的神秘色彩，是生态旅游和探险旅游的胜地。

● 九寨沟自然保护区

九寨沟自然保护区位于四川省阿坝藏族羌族自治州九寨沟县，面积约600平方千米，是一条纵深60多千米的山谷，因周围有9个藏族村寨而得名。这里有雪峰10座，插入云霄；有108个形状各异的湖泊，人称"108海"；有多处气势壮观的瀑布；有大面积的原始森林；有上百种珍稀动植物。九寨沟色彩和谐，动静相宜，浑然天成，是中国第一个以保护自然风景为主要目的的自然保护区。

● 西双版纳自然保护区

西双版纳自然保护区位于云南省西双版纳傣族自治州，由勐养、勐仑、勐腊、尚勇、曼稿5个子保护区组成，面积2425平方千米，主要保护对象为热带森林生态系统和珍稀动植物。保护区内低山连绵、河流纵横、四季常青，是中国热带原始森林保存最好的地区之一，以"动植物王国"闻名中外，已鉴定的高等植物约3890种，陆生脊椎动物620种。这里不仅是物种的天然基因库，还是少数民族聚居的地方，神奇的热带风光和民族风情吸引了众多国内外游客，成为世界著名的游览胜地之一。

● 梵净山自然保护区

梵净山自然保护区位于贵州省的江口、印江、松桃3县交界处，面积419平方千米，1986年加入联合国"人与生物圈"保护区网，主要保护对象为亚热带森林生态系统及黔金丝猴、珙桐等珍稀动植物。该保护区是中国西部中亚热带山地典型的原生植被保存地。梵净山不仅是珍贵的生物资源库，也是中国历史佛教名山之一，自然风光奇特，人文历史遗迹保存较多，是著名的游览胜地。

● 卧龙自然保护区

卧龙自然保护区位于四川省汶川县西南部，面积20万平方千米，是中国建立最早、栖息地面积最大、以保护大熊猫等珍稀动物及高山森林生态系统为主的综合性自然保护区。保护区处在四川盆地与青藏高原过渡带，原始森林茂密，从亚热带到温带、寒带的生物均有分布，以"熊猫之乡""宝贵的生物基因库""天然动植物园"享誉中外。

● 可可西里自然保护区

"可可西里"蒙古语意为"青色的山梁"（一说为"美丽的少女"），藏语称该地区为"阿钦公加"，位于青藏高原西北部，是世界上原始生态环境保存最完美、野生动物资源最丰富的自然保护区之一。这里自然条件恶劣，人类无法长期居住，被誉为"生命的禁区"，正因如此，给高原野生动物创造了得天独厚的生存条件，成为"野生动物的乐园"。野牦牛、藏羚羊、野驴、白唇鹿、棕熊等青藏高原上特有的野生动物达230多种，其中属国家重点保护的一二类野生动物就有20余种。

● 三江源自然保护区

三江源自然保护区地处青藏高原腹地，位于长江、黄河和澜沧江的源头地区，总面积31.6平方千米，平均海拔4000多米，是目前世界高海拔地区生物多样性最集中的自然保护区，也是我国海拔最高的天然湿地和三江生态系统最敏感的地区。三江源地区素有"中华水塔"之美誉，据科学家初步计算，长江总水量的25%、黄河总水量的49%和澜沧江总水量的15%都来自这一地区。

● 阿尔金山自然保护区

阿尔金山自然保护区是我国最大的自然保护区，坐落在阿尔金山中段的祁漫塔格山与昆仑山、海拔约为4000米的高山盆地间，占地约4.5万平方千米。保护区内保留了我国特有的珍稀野生动植物，是不可多得的"高原物种基因库"。这里生长着数十种稀疏、低矮，但广为分布的莎草科、禾本科、豆科牧草。众多的野生动物中，最珍贵、最具有地域特色的属野驴和藏羚羊。由于交通不便，以及高寒缺氧、淡水少、物资供应困难，所以人迹罕至，是我国高原生态系统保存相当完好的地区。

● 长白山自然保护区

长白山自然保护区位于吉林省东南部，总面积2000余平方千米，是我国温带森林生态系统的综合性自然保护区。长白山自然保护区动植物种类繁多，目前已知有野生植物2277种，动物1225种。其中珍稀植物有红松、长白落叶松等；珍稀动物有东北虎、梅花鹿、紫貂等。位于长白山主峰火山锥体顶部的长白山天池，比新疆维吾尔自治区的天山天池高209米，是中国和朝鲜的界湖，也是我国最高的火口湖。

● 锡林郭勒草原自然保护区

锡林郭勒草原自然保护区位于内蒙古自治区东北部的锡林浩特市，地势起伏平缓，一般海拔变化于1000—1200米之间，面积约10786平方千米，是欧亚大陆中温带典型草原保存较好的地区，是典型草原的代表。1987年，该保护区被纳入联合国"人与生物圈"保护区网，成为举世瞩目的一块绿色宝地。

● 盐城自然保护区

盐城自然保护区位于江苏省盐城市，1992年被纳入联合国"人与生物圈"保护区网。该保护区主要保护对象为丹顶鹤等珍禽及海涂湿地生态系统。这里有盐蒿滩、草滩、芦苇沼泽700平方千米，为鸟类提供了良好的栖息地，是全球最大的丹顶鹤越冬地。珍稀动物除丹顶鹤外，还有白鹳、白鹤、白肩雕、白头鹤、白枕鹤、黑鹤、灰鹤、天鹅等。

● 博格达峰自然保护区

博格达峰自然保护区位于新疆维吾尔自治区阜康市境内，是新疆维吾尔自治区第一个被纳入联合国"人与生物圈"网络的保护区，由天山天池自然保护区和中国科学院阜康荒漠生态站两部分组成，总面积2170平方千米。保护区自上而下由冰川积雪带、高山亚高山带、山地针叶林带、低山带，组成了一个干旱区荒漠生态系统的多样性保护区。保护对象包括濒危动物、森林、草原、天山风景区及荒漠绿洲。

● 鼎湖山自然保护区

鼎湖山自然保护区建于1956年，是我国第一个自然保护区。它位于广东省肇庆市，面积12平方千米，有"物种宝库"和"基因储存库"之称，这里蕴藏着丰富的植物资源。保护区内高等植物2000多种，其中经济林木300多种，药用植物900多种，油科和纤维植物各100多种，淀粉植物400多种，鞣料植物60多种，野生水果约30多种。鼎湖山的季风常绿阔叶林，迄今已有近400年的保存历史。

● 石林地质公园

石林地质公园位于云南石林彝族自治县，约在200万年前，由于石灰岩的溶解作用，石柱彼此分离，经过常年的风雨剥蚀，形成了千姿百态的石林。它以"雄、奇、险、秀、幽、奥、旷"著称，具有世界上最奇特的喀斯特景观，因历史久远、类型齐全、规模宏大、发育完整，被誉为"天下第一奇观""造型地貌天然博物馆"。石林地区年平均温度约16℃，是一个集自然风光、民族风情、休闲度假、科学考察为一体的著名大型综合旅游区。

● 五大连池地质公园

五大连池地质公园位于小兴安岭山地向松嫩平原的转换地带，总面积1060平方千米，是我国著名的年轻火山群之一，曾在200多万年到280年前相继喷发，形成"井"字形排列、高低错落、姿态迥异的14座层状火山和28座盾形火山。5个汐水相连的串珠状湖泊与星罗棋布的泉、溪、池、河由新期火山岩浆填塞了远古凹陷盆地湖"乌德林池"而形成。五大连池保存完整、状貌典型的火山地质地貌，被科学家称之为"天然火山博物馆"和"打开的火山教科书。"

● 雁荡山地质公园

雁荡山位于浙江省乐清市，分北雁荡山、中雁荡山、南雁荡山，其中北雁荡山最为有名。北雁荡山总面积450平方千米，最高峰百岗尖海拔1150米，以奇峰、瀑布著称。它是国家重点风景名胜区，中国十大名山之一，国家首批5A级景区，形成于1.2亿年前，是一座典型的白垩纪流纹质古火山，记录了火山爆发、塌陷、复活、隆起的完整地质演化过程。灵峰、灵岩、大龙湫被称为"雁荡三绝"。2005年2月11日，被联合国教科文组织评选为世界地质公园。

● 丹霞山地质公园

丹霞山地质公园是一座红石公园，位于广东省韶关市境内，面积290平方千米。丹霞山是世界"丹霞地貌"命名地，由680多座顶平、身陡、麓缓的红色砂砾岩石构成，"色如渥丹，灿若明霞"，以"赤壁丹崖"为特色。据地质学家研究表明：在世界已发现的1200多处丹霞地貌中，丹霞山是发育最典型、类型最齐全、造型最丰富、景色最优美的丹霞地貌集中分布区。

● 云台山地质公园

云台山位于河南省修武县境内，古称覆釜山，因山岳高峻，山间常年云雾缭绕，故又名云台山。它主要以园区的构造单面山体地貌和断崖飞瀑、幽谷清泉为特征。公园内群峡间列、峰谷交错、悬崖长墙、崖台梯叠的"云台地貌"景观，是以构造作用为主，与自然侵蚀共同作用形成的特殊景观，是地貌类型中的新类型，既具有美学观赏价值，又具有典型性。2004年2月13日，云台山景区被联合国教科文组织命名为全球首批世界地质公园。

● 兴文石海地质公园

兴文石海位于四川省宜宾市兴文县，面积70平方千米，堪称世界喀斯特景观的集大成者。它以"地表石林、地下溶洞、特大天坑"三绝著称。地表奇峰林立，千姿百态；地下溶洞交错，洞中有洞；天坑深盆暗底，绝壁千仞。园区内还保存了距今约2.5—4.9亿年各时代的碳酸盐和含碳酸地层，蕴藏着极其丰富的海相古生物化石和沉积相标志，可以说，兴文石海地质公园是一部生动的天然岩溶地学知识百科全书。

● 南阳伏牛山地质公园

南阳伏牛山世界地质公园位于河南境内，面积1340平方千米，地处罗迪尼亚超大陆和华北板块、扬子板块长期相互作用的主要区域，是复合型大陆造山带（秦岭造山带）的关键部位和地质遗迹保存最为系统、完整的区域。该园区独特的地质构造，造就了伏牛山北雄南秀的自然风光，群峰耸立、层峦叠嶂、飞瀑如练、深谷幽潭，是科研和旅游观光的理想之地。同时，伏牛山也孕育了悠远灿烂的南阳文化，是一座综合型世界地质公园。

● 张家界砂岩峰林地质公园

张家界砂岩峰林地质公园位于湖南省张家界市，面积3600平方千米，由张家界、索溪峪、天子山、杨家界4个主要风景区和黄龙洞等构成一个完整的生态系统。园区内有3000多座拔地而起的石崖，个体形态有方山、台地、峰墙、峰林、石门、天生桥及峡谷、嶂谷等。它以世界上独一无二的砂岩峰林地貌为核心、以岩溶地貌为衬托，兼有成型地质剖面、特殊化石产地等大量地质遗迹，构成独具特色的砂岩峰林地貌组合景观，是一处难得的天然博物馆和罕见的旅游胜地。

民俗风情

民俗是一个国家或民族中广大民众所创造、享用和传承的生活文化。它把传统与现代相结合，或纵深、或延展，全方位、多层面地展现中国文化源远流长、丰富多彩的内蕴。

● 春节

春节是农历正月初一，又叫阴历年，俗称过年。春节是我国民间最隆重、最热闹的一个传统节日。春节历史悠久，起源于殷商时期年头岁尾的祭神祭祖活动。按照我国农历，正月初一古称元日、元辰、元正、元朔、元旦等，俗称年初一。春节有吃饺子、贴春联、放鞭炮、守岁、接神等习俗。

● 中秋节

农历八月十五是我国的传统节日——中秋节。中秋节与春节、清明节、端午节并称为中国汉族的四大传统节日。"中秋"一词，最早见于《周礼》。根据我国古代历法，农历八月十五日，时日恰逢三秋之半，故名中秋节。千百年来，一年一度的中秋节在我国不同地区、民族间留下了丰富的民俗风情文化，例如祭月、拜月、吃月饼、玩花灯、舞火龙等。2008年起，中秋节被列为国家法定节假日。

● 端午节

端午节为农历五月初五，端有"开""初"的意思。农历以地支纪月，正月建寅，二月为卯，至五月为午，故称午月，"五"与"午"通，故端午又名端五、重五、端阳、中天等。"端午"二字最早见于晋人周处《风土记》。在我国，自古有屈原投汨罗江后，人们投米江中、划龙舟驱散江中之鱼，以免鱼吃掉屈原身体的说法。端午节有赛龙舟、吃粽子、拴彩线、佩香囊等习俗。2008年起，端午节正式列入国家法定假日。

● 清明节

清明节又叫踏青节，是我国的传统节日之一，中国二十四节气之一（唯一一个既是节气又是节日的日子），时间约在每年的阳历4月5日前后。古时有清明前一天为"寒食节"之说，相传起于春秋时期晋文公悼念介子推"割股救主"一事，后逐渐清明寒食合二为一。清明节是祭祖和扫墓的日子，至今这一习俗仍很盛行。2008年起，清明节被列入国家法定假日。

● 对歌

对歌是云南许多少数民族青年传统的恋爱方式，也是节日的庆贺方式。如苗族的"游方"、瑶族的"唱风流"、布依族的"浪哨""赶表"，拉祜族、哈尼族、白族的"唱调子"、藏族的"唱山歌"等，都是少数民族青年男女通过对歌交流感情，寻觅情侣，选择配偶的方式。对歌内容根据当地流行的词曲，视环境和对象临时编出对歌内容，歌声抑扬顿挫，对答妙趣横生。

● 哭婚

土家族姑娘的结婚喜庆之日是用哭声迎来的。新娘在结婚前半个多月就哭起，有的要哭一月有余，至少三五日。土家族还把能否唱哭嫁歌作为衡量女子才智和贤德的标志。很多地方现在仍有"姑娘出嫁哭是笑，秀才落第笑是哭"等谚语。无论真哭假哭，新娘哭得越厉害越好，因有"不哭不发，越哭越发"的说法。

● 抢亲

云南的彝族、傣族、白族、阿昌族、傈僳族、景颇族、瑶族等民族都有抢婚习俗，通常是在男女自由恋爱婚姻受到阻拦的情况下发生。事先得到女方的默许，由男方邀约伙伴佯作抢亲或约伙伴抢走暗中选好的姑娘，姑娘即使愿意，也必须佯作反抗，大喊大叫。

● 走婚

走婚即走访婚，摩梭语叫"色色"，是摩梭文化中不可分割的一部分，也是外界较多宣传和关注的。走婚的形式是"男不娶女不嫁"，男女终身都住在自己的母系家庭里，是由男子走婚来维持男女双方性关系而实现种族延续的一种特殊关系。摩梭母系家庭中，摩梭女人享受着高度的自主空间，男人也轻松无压力。摩梭母系家庭文化体现了"重女不轻男"的母系文化思维，而走婚这种婚俗也成为世界上一朵绝无仅有的奇葩。

● 抛绣球

抛绣球是壮族青年表达爱意的独特方式，它的历史可追溯到2000多年前。绣球通常为姑娘们手工制作，圆形，大小如拳头，球内填充谷糠或棉籽，上下两端分别系有彩带和红坠。历史上，抛绣球曾是壮族人民喜闻乐见的体育项目，用以娱乐身心，沟通感情，后逐渐演变为爱情的信物，成为壮族青年男女表达爱情的方式。

● 姑娘追

"姑娘追"是哈萨克族姑娘、小伙最喜欢的一种传统民间游戏，也是他们寻求恋人，表白爱情的特殊方式。游戏开始时，一对对男女青年并辔向指定的目标徐徐进发，途中，小伙子可以任意向姑娘表白爱慕之情，姑娘不得有任何反对的表示，只能默默倾听。但在返回的路上，姑娘可用鞭子追打小伙。如果姑娘对小伙有意，那鞭子只是在小伙头上晃几下，或是象征性地打两下。如果姑娘不中意，小伙子就难免要吃苦头了。

● 踩月亮

"踩月亮"是苗族青年交友婚恋的习俗，又称走寨。每当月明之夜，小伙子们三五成群弹着月琴，吹着洞箫到村村寨寨去寻找中意的姑娘，吹拉弹唱，嬉笑娱乐，通过"踩月亮"彼此了解，建立友谊，甚至相恋而盟誓终身。

● 树叶信

在景颇族、傈僳族中流行的"树叶信"，是利用树叶表达感情或传递信息的信函，每逢一些重大活动时都要送"树叶信"通知亲朋，当接"信"后，对方无论路有多远或家里有什么重要的事都要放下去赴约。树叶信有不同的含义，如男子用两片嫩叶加上蜂蜜等物，是表达对女子的喜爱；女方有意则回赠草烟、芦子等，如表示拒绝则把两片树叶翻成背靠背送还给男方。住地相距较远的亲人如收到一条二指宽的剥皮牛肉就知道家中有人亡故等。

● 满族旗袍

满族的民族服装为旗袍，满语称"衣介"，因过去满族称为"旗人"，故名旗袍。旗袍的特点是：箭袖、右大襟、四开衩、束带、镶边。经过多次发展，现代旗袍的外观特征一般有以下特征：右衽大襟为开襟或半开襟形式，立领盘纽，摆侧开衩，单片衣料，收腰，无袖或短袖等。

● 萨满神舞

鄂伦春族信奉萨满教，谁家有灾有难，总少不了要请萨满神来跳一跳。鄂伦春族的萨满不是选举产生的，他们的萨满多是由一些遇有大难而又死而复生的人来充当。鄂伦春族认为这样的人大难不死，是祖先的神灵在保佑他们，他们一定和祖先的神灵有过接触，所以祖先神灵能通过他们免除灾难也就是很自然的事了。

● 那达慕

"那达慕"是蒙古语，"娱乐"或"游戏"的意思，为蒙古族人民传统的群众性集会，也是一年一度的盛大节日。那达慕具有悠久的历史，1225年，成吉思汗战胜花剌子模，为庆祝胜利，就举行过隆重的那达慕盛会。在古代和近代的那达慕盛会上，都要进行男子3项竞技赛，即赛马、射箭和摔跤。当代的那达慕大会，增添了马球、马术、田径、电影、话剧、乌兰牧骑演出等新内容，同时举行物资交流，表彰先进。那达慕多在夏季七八月份举行，届时四面八方的蒙古族牧民穿着节日盛装，纷纷前来参赛或观看。

● 祭敖包

"敖包"是蒙古语音译，亦作"鄂博"，意为"堆子"或"鼓包"，通常设在高山或丘陵上。祭敖包是蒙古族传统的祭祀活动，一般都在农历五月中旬至七八月举行。届时，四面八方的人们汇集在敖包的周围，献上自己亲手制作的祭品，虔诚地静默祝愿、祈祷上苍，保佑草原人畜兴旺、永远平安。祭祀完毕，大家环坐在敖包周围，敬酒、喝茶、歌舞、娱乐，尽情交流。青年男女则漫步草原，借机约会，互诉衷情，相约再见时日，这就是所谓的"敖包相会"。

● 薄饼红枣呈真情

在鄂尔多斯草原上，客人到牧民家不一定要带许多礼物，只需准备麦面烤成的6张圆形薄饼和几颗成双的红枣即可。进到主人的蒙古包，主人将客人让座在客位上并向客人敬茶后，客人可以向主人要一个盘子，并将随身带来的6张薄饼像荷叶片一样摆开，再将成双的红枣放在薄饼上，双手献给主人，主人即当作草原上最神圣的礼物接受。据说，当初鄂尔多斯为6个旗，用6张薄饼来作礼，意为礼仪至上，共同和睦相处，而红枣则表示6个旗兴旺发达。

● 泼水节

傣族的新年称为"泼水节"，时间为傣历六月（清明节前后）举行，一般为3—4天。节日清晨，人们穿着盛装，采摘鲜花到佛寺供奉，听佛经，中午挑来清水为佛像洗尘，礼毕拥出大街小巷，用象征吉祥的清水互相泼洒嬉戏，以示祝福。其间举行划龙舟比赛、跳象脚舞和孔雀舞，放升高，节日气氛达到高潮，青年男女则进行丢包活动，谈情说爱，选择配偶。

● 火把节

火把节是彝族、白族、纳西族、基诺族、拉祜族等民族共同的传统节日，通常在每年农历六月二十四或二十五日举行。其中以彝族和白族的火把节最为隆重，最具代表性。火把节之夜，村村寨寨都要竖起一个高丈余的大火把，各家的小火把放在周围，以示团结齐心。人们穿上节日盛装，围着火把唱歌跳舞。高潮时，人们还要举着熊熊燃烧的火把，绕住房和田边地头巡游，边走边唱，并发出阵阵洪亮的歌声和吼声；火把节期间的白天，人们将参加摔跤、赛马、斗牛、爬杆等活动和比赛。

● 盘王节

盘王节是瑶族人民祭祀祖先的重大节日，又叫还盘王愿、跳盘王，时间是每年农历十月十六日。节日期间，瑶族男女老少都要穿上节日盛装，汇集在一起，首先祭祀盘王，唱盘王歌，跳黄泥鼓舞和长鼓舞，追念先祖功德，歌颂先祖英勇奋斗的精神。其次，欢庆丰收，酬谢盘王，尽情欢乐。与此同时，男女青年则开展对歌活动，抓住良机择意中人。节日一般为三天两夜，也有的长达七天七夜。

● 厚南节

布朗族的厚南节又称桑刊节、宋坎节，每逢农历三月清明节后7日举行。节日里的主要活动是相互泼水以迎接太阳，所以，人们把这个节日称之为迎接太阳的节日。如今厚南节的内容比过去有很多改变，除以往的传统活动外，又增加了文娱节目的表演和体育比赛等，更为人们所欢迎。

● 漆齿与文身

漆齿与文身是傣族、布朗族先民遗留下来的古老的习俗。《汉书·地理志》《马可·波罗行记》《滇略》等史籍都有傣族先民"漆齿""以金裹齿""文身绣脚"的记载。漆齿，实为染齿，多是妇女所为，是古时傣族、布朗族女子成年的一种标志，不经染齿者不能公开参加社交活动。文身绣脚，是在身上、腿上刺纹，仅是傣族、布朗族男子所为，所有男性都以文身为荣，身上不刺纹者视为不如青蛙，人格低下，被姑娘们视为懦夫，很难得到女性爱慕。昔日的傣族、布朗族男子，身上无文身者罕见。

● 壮族歌圩

歌圩源于氏族部落时代的祭祀活动，经不断演变成为以"歌唱爱情、向往美好生活"为主的壮族民间传统文化活动，也是男女青年进行社交的场所，在壮语中被称作"窝墩""窝岩"等。歌圩规模有大有小，各地不一，每年农历三月初三最为隆重。壮族歌圩以壮族歌谣文化为主体，兼有戏剧、曲艺、体育等文化，还有民间信仰文化等。搭彩棚、摆歌台、抛彩球、择佳偶，别有风情。

● 目脑纵歌

目脑纵歌是景颇族盛大的传统节日，目脑纵歌译意为"大伙跳舞"，盛大的目脑纵歌一般在农历正月中旬以后的几天，选双日为吉，并有相对固定的广场举行活动。典礼开始，鼓乐齐鸣，景颇族和其他民族同胞互赠鸡蛋、米酒等礼物，向来宾敬献用芭蕉叶包的紫糯包，接着由两位德高望重的老人头戴美丽的孔雀羽帽领舞，各族同胞也跟着一起翩翩起舞，人们兴高采烈，喜气洋洋，队伍中不时发出欢呼声。

● 献哈达

哈达是一种生丝织品，长约5尺，多为白色。献哈达是藏族人民最普遍和高尚的一种礼节。在西藏，婚丧节庆、迎来送往、拜会尊长、觐见佛像、送别远行等，都有献哈达的习惯。献哈达是对对方表示纯洁、诚心、忠诚、尊敬的意思。据说，藏族居民进了寺庙大门，先献一条哈达，然后参拜佛像，到各殿参观，随坐，到离别时，还在自己坐过的座位后边放一条哈达，表示我人虽离去，但我的心还留在这里。

● 侗族鼓楼

鼓楼风格独特，是侗族人民的标志，也是侗寨人民团结的象征。鼓楼通体不用一钉一铆，全是木质结构。由于结构严密坚固，使鼓楼可达数百年不朽不斜，这充分表现了侗族人民中能工巧匠建筑技艺的高超。在侗族历史上，凡有重大事宜商议，都要通过击鼓来号召群众。由寨中"首领"登楼击鼓，人们便迅速集中起来；在无重大事宜时，是不能随便登楼击鼓的。

● 傣家竹楼

傣家竹楼俗名干栏，是西双版纳地区傣族古老的住房，由于建筑材料以竹为主，故有竹楼之称。竹楼呈四方形，分上下两层，楼上住人，楼下饲养牲畜。楼上一般均分为内外两间，也有三至四间者，内为卧室，外为客厅。楼室高出地面若干米，四面通风，既可避免地下湿气浸入，又避免地表热气熏蒸，是热带、亚热带地区极为舒适的居舍。

● 东北二人转

东北二人转起源并流行于东北三省，又称作唱蹦子、吉剧，是具有浓郁地方色彩的民间艺术，至今已有300多年的发展历史。东北二人转的表现形式为：一男一女，服饰鲜艳，手拿扇子、手绢，边走边唱边舞，其唱本语言通俗，唱腔高亢粗犷，唱词诙谐风趣，充满生活气息，集中反映了东北民歌、民间舞蹈和口头文学的精华，深受广大城乡人民的喜爱。

● 北京四合院

四合院就是由北房、南房、东房、西房四面围合，各房之间用墙来连接起来形成的封闭式院落，使建筑形成一个"口"字。北京的四合院历史悠久，自元代正式建都北京，四合院就在北京的宫殿、衙署、街区、坊巷和胡同同时出现了。明清以来，北京四合院虽历经沧桑，但这种基本的居住形式已经形成，并不断完善，更适合居住要求，形成了我们今天所见到的四合院形式。

● 陕西十大怪

"陕西十大怪"也被称为"关中十大怪"，指陕西省的关中地区（大致包括西安、咸阳、渭南、宝鸡、铜川等城市）出现的十种奇特风俗习惯。由于气候、经济、文化等多方面原因的影响，陕西人在衣、食、住、行等方面，形成了一些独特的方式。外地人对此十分好奇，经过汇集称之为"陕西十大怪"，即"关中十大怪"：面条像腰带、锅盔像锅盖、辣子是道菜、泡馍大碗卖、碗盆难分开、帕帕头上戴、房子半边盖、姑娘不对外、不坐蹲起来、唱戏吼起来。

二十四节气

节气歌
春雨惊春清谷天,夏满芒夏暑相连。
秋处露秋寒霜降,冬雪雪冬小大寒。
每月两节不变更,最多相差一两天。
上半年来六廿一,下半年是八廿三。

● 二十四节气

二十四节气发源于黄河流域,是中国古代订立的一种用来指导农事的补充历法。最早见于《淮南子·天文训》,到秦汉年间完全确立。公元前104年,由邓平等制定的《太初历》,正式把二十四节气订于历法。二十四节气根据太阳在黄道上的位置来划分,视太阳从春分点出发,每前进15°为一个节气,运行一周又回到春分点,为一回归年,合360°,共分为24个节气。二十四节气的命名反映了季节、物候现象、气候变化。反应季节的是立春、春分、立夏、夏至、立秋、秋分、立冬、冬至,又称八位;反应物候现象的是惊蛰、清明、小满、芒种;反应气候变化的有雨水、谷雨、小暑、大暑、处暑、白露、寒露、霜降、小雪、大雪、小寒、大寒。

● 七十二候

七十二候是中国最早的结合天文、气象、物候知识指导农事活动的历法。它源丁黄河流域,完整记载见于公元前2世纪的《逸周书·时训解》。以五日为候,三候为气,六气为时,四时为岁,一年二十四节气共七十二候。各候均以一个物候现象相应,称候应。其中植物候应有植物的幼芽萌动、开花、结实等；动物候应有动物的始振、始鸣、交配、迁徙等；非生物候应有始冻、解冻、雷始发声等。七十二候候应的依次变化，反映了一年中气候变化的一般情况。

● 节气与中气

太阳从黄经零度起，沿黄经每运行15°所经历的时日称为"一个节气"。每年运行360°，共经历24个节气，每月2个。其中，每月第一个节气为"节气"，即立春、惊蛰、清明、立夏、芒种、小暑、立秋、白露、寒露、立冬、大雪和小寒；每月的第二个节气为"中气"，即雨水、春分、谷雨、小满、夏至、大暑、处暑、秋分、霜降、小雪、冬至和大寒。"节气"和"中气"交替出现，各历时15天，现在人们已经把"节气"和"中气"统称为"节气"。

● 立春

又称打春，"立"是"开始"的意思，中国以立春为春季的开始，公历每年的2月4日或5日为立春。

● 雨水

气温回升、冰雪融化、降水增多。公历每年的2月18日前后为雨水。

● 惊蛰

天气回暖，春雷始鸣，惊醒蛰伏于地下冬眠的昆虫。公历每年的3月5日左右为惊蛰。

● 春分

又称为日中、日夜分，此时太阳直射赤道，昼夜平分。公历每年的

3月21日前后（20—22日）为春分。

● 清明

表示天气晴朗温暖，草木返青。公历每年的4月4日或5日为清明。

● 谷雨

谷雨指雨水增多，大大有利于谷类农作物的生长。公历每年的4月20日或21日为谷雨。

● 立夏

表示夏季开始。公历每年的5月5日或6日为立夏。

● 小满

表示夏熟作物的籽粒开始灌浆饱满，但还未成熟，只是小满，还未大满。公历每年的5月21日或22日为小满。

● 芒种

表示麦类等有芒作物成熟。公历每年的6月5日左右为芒种。

● 夏至

表示炎热将至，该日昼最长，夜最短。公历每年的6月21日或22日为夏至。

● 小暑

表示为小热，还不十分热。意指天气开始炎热，但还没到最热。公历每年的在 7 月 7 日或 8 日为小暑。

● 大暑

表示天气酷热，最炎热的时期到来。公历每年的 7 月 23 日或 24 日为大暑。

● 立秋

表示秋季开始。公历每年的 8 月 7 日或 8 日为立秋。

● 处暑

表示炎热的暑天即将过去。公历每年的 8 月 23 日或 24 日为处暑。

● 白露

表示气温开始下降，天气转凉，早晨草木上有了露水。公历每年的 9 月 7 日前后为白露。

● 秋分

秋分日太阳直射赤道，昼夜均分。秋分日居秋季之中，平分了秋季。公历每年的 9 月 22 日或 23 日为秋分。

● 寒露

表示气温更低，空气已结露水，渐有寒意。公历每年的 10 月 8 日或 9 日为寒露。

● 霜降

表示天气渐寒，出现霜冻机会增多。公历每年的 10 月 23 日或 24 日为霜降。

● 立冬

表示冬季开始。公历每年的11月7日或8日为立冬。

● 小雪

表示开始降雪，雪量小。公历每年的11月22日或23日为小雪。

● 大雪

表示降雪机会增多，雪渐大。公历每年的12月7日或8日为小雪。

● 冬至

俗称冬节、长至节、亚岁等，表示寒冬到来，该日昼最短、夜最长。公历每年的12月21日或22日为东至。

● 小寒

表示天气开始寒冷，且越来越冷。公历每年的1月5日或6日为小寒。

● 大寒

表示天气严寒，最寒冷的时期到来。公历每年的1月20日或21日为大寒。

生产建设

生产建设的过程即是合理发展与综合国力提高的过程，它包括经济、社会、人文等方方面面的综合发展。中华人民共和国成立后，经过多年的建设和发展，中国在水利、电力、交通、生态建设等诸多领域取得了令世人瞩目的成就，社会经济不断发展，人民生活水平不断得到提高。

● 交通运输

交通运输是人们利用交通工具，把人或物从一地运送到另一地，实现人和物的空间位移的过程，主要由运输工具、运输对象和位移过程三要素组成。现代化的交通运输方式主要有铁路运输、公路运输、水路运输、航空运输和管道运输。5种运输方式在技术上、经济上各有长短，都有适宜的使用范围。交通运输联系着工业与农业、生产与消费、城市与乡村，是社会生产的必要条件和整个国民经济发展的命脉。

● 公路与高速公路

"公路"以其公共交通之路而得名，根据其使用任务、性质和交通量可分为四级。一级公路具有重要的政治、经济和国防意义，是专供汽车快速行驶的高级公路。二级、三级公路是连接省（自治区）与省（自治区）之间和省（自治区）内重要的城市干线公路。四级公路是沟通县、乡、村的支线公路；高速公路最早出现于20世纪30年代末到40年代初的德国，它是一种直达、快速地进行交通运输的专用公路，仅供汽车高速行驶。它的设计时速一般为80—120千米或更高。高速公路上，不允许中途停车，也不允许行人和非机动车行走。

● 铁路隧道

铁路隧道是指建造在山岭、河道、海峡及城市地面以下，并铺设铁路供机车车辆通行的建筑物。我国自行设计、自主施工的第一条隧道是1908年詹天佑主持修建的京张铁路八达岭隧道。青藏铁路风火山隧道是目前世界上海拔最高的高原永久性冻土隧道，隧道全长1338米，轨面海拔标高4905米。兰新线乌鞘岭隧道单线全长20.05千米，是中国目前最长的铁路隧道。

● 铁路

铁路是一种现代陆地运输工具，狭义地讲，铁路是由路基、道床、轨枕和钢轨（一般长12.5米或25米，轨距1.435米）构成的运输路线。广义地讲，铁路是指铁路运输系统或铁路运输业。铁路运输具有安全程度高、运输速度快、运输距离长、运输能力大、运输成本低等优点。因此，铁路的问世极大地推动了工业的发展，铁路经过的地区得到发展和繁荣。据国家铁道部统计数据，到2007年底，中国铁路营业里程达77965.9千米，居亚洲第一位。

● 磁悬浮列车

磁悬浮列车是一种没有车轮的陆上无接触式有轨交通工具，时速可达到500千米。它的原理是利用常导或超导电磁铁与感应磁场之间产生相互吸引或排斥力，使列车"悬浮"在轨道上面或下面，做无摩擦的运行，从而克服了传统列车车轨粘着限制、机械噪声和磨损等问题，并且具有启动快、停车快和爬坡能力强等优点。在磁悬浮列车技术领域，日本和德国技术较为先进，日本山梨县试验线最高速度达580千米/时，成为世界纪录。

● 中国第一条高速公路

1978年，台湾第一条高速公路中山高速公路通车，北起基隆、南到高雄凤山，全长373千米。1988年10月31日，上海沪嘉高速公路全线通车，成为中国大陆第一条高速公路。沪嘉高速公路1984年12月21日动工兴建，南起上海市区祁连山路，北迄嘉定南门，长15.9千米，加上两端入城道路，全长20.5千米，宽45米，4车道，设计时速为120千米，总投资1.5亿元。

● 中国第一条铁路

1876年，英商在未征得清政府同意的情况下，擅自修建了吴淞铁路（吴淞——上海），于1876年7月建成通车，全长14.5千米。通车不久，清政府用28万两白银将其赎回并拆除；1881年，中国人自己修建的唐山至胥各庄铁路建成，从而揭开了中国自主修建铁路的序幕。

● 交通枢纽

交通枢纽又称运输枢纽，是几种运输方式或几条运输干线交会并能办理客货运输作业的各种技术设备的综合体。一般由车站、港口、机场和各类运输线路、库场以及运输工具的装卸、到发、中转、联运、编解、维修、保养、安全、导航和物资供应等项设施组成，是综合运输网的重要环节。交通枢纽对于地区之间的联系、地区和城市的发展起到重要的促进作用，大城市、大工业中心、大型海港或河港往往形成交通枢纽。

● 五纵七横

"五纵七横"是我国"八五"期间提出的公路建设的发展方针和长远目标规划。规划的内容为：从1991年开始到2020年，用30年左右的时间，建成12条总里程约3.5万千米的国道主干线。五纵指同江—三亚、北京—珠海、重庆—北海、北京—福州、二连浩特—河口。七横指连云港—霍尔果斯、上海—成都、上海—瑞丽、衡阳—昆明、青岛—银川、丹东—拉萨、绥芬河—满洲里。

● 中国铁路网

中国铁路已基本形成以北京为中心，以四纵、三横、三网和关内外三线为骨架，联结着众多的支线、辅助线、专用线，可通达全国省市区的铁路网。四纵是指京广线、京九线、京沪线、北同蒲—太焦—襄渝—川黔—焦柳线；三横是指京秦—京包—包兰—兰青—青藏线、陇海—兰新线、沪杭—浙赣—湘黔—成渝—贵昆线；三网是指东北铁路网、西南铁路网和台湾铁路网；关内外三线是指京沈线、京通线和京承—锦承线。

● 青藏铁路

2001年初，国务院批准建设青藏铁路。这一项目是西部大开发战略的标志性工程。它东起西宁，西至拉萨，全长1956千米。其中，西宁至格尔木段814千米已于1984年建成。截至2005年10月，整个青藏铁路格尔木至拉萨段1142千米全线贯通，2006年7月1日试运行。青藏铁路是世界上海拔最高、线路最长的高原铁路。建设过程中克服了多年冻土、高寒缺氧、生态脆弱"三大难题"的严峻挑战，创造出了许许多多国内外"第一"。青藏铁路的修建，结束了西藏自治区不通铁路的历史，为促进藏族与各民族的交流，进一步改善青藏高原的生产生活，促进西藏资源开发和经济快速发展起到不可估量的作用。

● 京九铁路

京九铁路于1992年10月全线开工，1996年9月1日建成通车。它北起北京，南至深圳，连接香港九龙，跨越9省市108个市县，正线全长

2398千米，辐射人口约2亿人，是中国铁路史上一次建成线路最长的工程项目。京九铁路的建成，基本缓解了南北运输的紧张状况。它连同京沪、京广、京山、京秦、京包、石德、陇海、浙赣等铁路线，完善了中国铁路的路网布局，对发挥综合效益具有战略意义。

● 新亚欧大陆桥

新亚欧大陆桥是相对旧欧亚大陆桥而言，又叫第二亚欧大陆桥，它东起中国连云港、日照等沿海城市，西行出境穿越哈萨克斯坦等中亚地区，经俄罗斯、白俄罗斯、乌克兰、波兰、德国等欧洲口岸，联结着中国、东亚、中亚、西亚、中东、俄罗斯、东欧、中欧、南欧、西欧等40多个国家，全程达10800千米，其中中国境内4100余千米。新亚欧大陆桥是对亚欧大陆经贸活动发挥着巨大作用的现代"丝绸之路"。

● 航空港

航空港是航空运输用的飞机场及其服务设施的总称，通常也称飞机场或机场。严格地讲，航空港与机场是两个概念，前者包括后者，习惯上往往将这两种名称混用。航空港一般由飞引区、服务区、机务维修区3部分组成。航空港种类很多，按下垫面性质分为陆地航空港和水上航空港，按设备情况分为基本航空港和中途航空港，按飞行距离分为国际航空港、国内航空港和短距离机场，按使用性质分为军用机场、民用机场、体育机场和农用机场等。

● 港口

港口是具有水陆联运设备和条件，供船舶安全进出、停泊或办理客货运输及其他业务的场所，范围包括进港航道、港口水域及其周围的陆域。由于港口是联系内陆腹地和海洋运输（国际航空运输）的一个天然界面，因此，人们也把港口作为国际物流的一个特殊结点。在中国，一些大港口年总吞吐量超过亿吨，上海港、深圳港、青岛港、天津港、广州港、厦门港、宁波港、大连港8个港口已进入集装箱港口世界50强。

● 码头

码头又称渡头，是海边、江河边专供乘客上下、货物装卸的建筑物。它通常是一条由岸边伸往水中的长堤，多数是人造的土木工程建筑，也可能是天然形成的。码头通常见于水陆交通发达的商业城市。

● 内河航道

内河航道是在内陆水域中用于船舶航行的通道，可分为天然航道和人工航道两种。与公路、铁路相比，其建设费用低，可利用天然水资源，但不及公路和铁路灵便，且受到内陆水域分布的限制。在中国，长江与京杭大运河被称为"黄金水道"，自古以来是贯穿中国东西、南北的重要内河航道。

● 水利工程

水利工程是指人们为了控制和调配自然界的地表水和地下水，以达到除害兴利目的而修建的工程，一般包括防洪、农田水利、水力发电、航道和港口、供水和排水、环境水利、海涂围垦等工程。水利工程与一般土建工程相比，除了工程量大、投资多、工期较长之外，还具有以下几个方面的特点：一、工作条件复杂。二、受自然条件制约，施工难度大。三、效益大，对环境影响大。四、失事后果严重。

● 都江堰

都江堰水利工程位于四川都江堰市城西，是全世界迄今为止年代最久的无坝引水水利工程，被誉为"世界水利文化的鼻祖"。通常认为，都江堰是由蜀郡太守李冰父子于公元前256年左右修建。都江堰渠首工程主要由鱼嘴分水堤、飞沙堰溢洪道、宝瓶口进水口三大部分构成，科学地解决了江水自动分流、自动排沙、控制进水流量等问题，消除了水患，使成都平原成为"天府之国"。此外，都江堰附近景色秀丽，文物古迹众多，主要有伏龙观、二王庙、安澜索桥、玉垒关、离堆公园、玉垒山公园和灵岩寺等。

● 京杭大运河

京杭大运河是世界上里程最长、工程最大、最古老的运河之一。它北起北京，南到杭州，流经北京、天津、河北、山东、江苏、浙江四省二市，沟通了海河、黄河、淮河、长江、钱塘江五大水系，全长约1794千米。大运河始凿于公元前486年，隋炀帝时期基本形成，唐宋时期得到较大发展，元代实施了裁弯取直的工程，形成了今天大运河的基本面貌。在两千多年的历史进程中，大运河为我国经济发展、国家统一、社会进步和文化繁荣做出了重要贡献，至今仍发挥着巨大作用。

● 引黄济青工程

引黄济青工程于1986年4月15日开工兴建，1989年11月25日正式通水。这是一项将黄河水引向青岛的跨流域、远距离的大型调水工程。该工程从山东滨州市境内打渔张闸引黄河水到青岛市棘洪滩水库，全长292千米，途经4个市（地）、10个县（市、区）。工程还具有引水、沉沙、输水蓄水、净水及配水等设施，功能齐全，配套完整，解决了青岛的缺水问题，也使得山东省水资源的分布更加趋于平衡。

● 引滦入津工程

引滦入津工程于1982年5月11日正式开工，1983年9月全线正式通水成功。这项工程是为了解决天津市工业生产和人民生活用水紧张的状况而进行的跨流域城市引水工程。它横跨滦河、海河两个流域，穿越燕山山脉，总长234千米，由滦河上的大黑汀水库大坝开始，经分水枢纽闸引滦河水进入穿山隧洞，沿黎河河道注入于桥水库调蓄，再沿州河、蓟河河道进入专用输水明渠，最终由暗涵、钢管输入芥园、凌庄、新开河3个水厂。

● 南水北调工程

南水北调工程就是把长江流域的水抽调一部分送到华北、西北的少水带、贫水带和干涸带地区，以促进工农业生产的发展和满足人民日常生活的用水。南水北调主要有3条线路：东线起点在长江下游的江都，终点在天津，供水范围涉及苏、皖、鲁、冀、津5省（市），输水干线长1150千米；中线工程近期从汉江丹江口水库引水，远景从长江干流调水，主要向河北、河南、北京、天津4省（市）供水，重点向北京、天津、石家庄等城市供水；西线即将通天河、雅砻江、大渡河水用隧道方式调入黄河，补充西北地区的水源。

● 秦山核电站

秦山核电站位于浙江省海盐县东南秦山，是我国第一座自主研究、设计和建造的核电站。一期工程额定发电功率30万千瓦，采用国际上成熟的压水型反应堆，1984年破土动工，1991年12月15日并网发电。二期工程规模为两台60万千瓦核电机组的商用核电站，分别于2002年2月6日和2004年5月3日建成发电。三期工程总装机容量为两台72.8万千瓦核电机组，是中国与加拿大联营建设的，已分别于2002年12月31日和2003年6月12日建成发电。现在秦山核电站已成为总装机容量为300万千瓦的中国核电基地。

● 长江三峡水利枢纽

长江三峡水利枢纽工程位于三峡西陵峡内的宜昌市夷陵区三斗坪，是中国、也是世界上最大的水利枢纽工程，是治理和开发长江的关键性骨干工程。长江三峡工程采用"一级开发，一次建成，分期蓄水，连续移民"的方案。工程由大坝、水电站和通航建筑物3大部分组成，坝长

3035米，高185米，正常蓄水位175米，总库容393亿立方米，防洪库容221.5亿立方米。三峡工程于1994年正式开工，2003年7月首台发电机组开始发电，2008年10月，三峡水电站26台机组全部投产发电。长江三峡水电站是世界上规模最大的水电站，总装机容量1820万千瓦，年发电量847亿千瓦小时。三峡工程具有防洪、发电、航运等巨大综合效益，对建设长江经济带，加快我国经济发展的步伐，提高我国的综合国力具有重大战略意义。

● 二滩水电站

二滩水电站地处四川省西南部的雅砻江干流下游河段，坝址距雅砻江与金沙江交汇口33千米，距攀枝花市区46千米，系雅砻江梯级开发的第一个水电站，中国在20世纪建成投产的最大电站。二滩水电站工程由高240米的双曲拱坝、巨型地下厂房和庞大的泄洪设施组成。水库总库容58亿立方米，水电站装机容量330万千瓦，保证出力100万千瓦，多年平均发电量170亿千瓦时。工程以发电为主，兼有其他综合利用效益。项目1991年9月开工，1998年7月第一台机组发电，2000年完工。

● 松花江丰满水电站

丰满水电站位于吉林市境内松花江上，1937年开工兴建，1959年竣工，总装机容量为55.375万千瓦，年平均发电量18.9亿千瓦时。该工程于1992年、1998年进行了扩建工程，总装机容量超过百万千瓦。丰满水电站是中国最早建成的大型水电站之一，是东北电网的主力电站，担负着电网调峰、调频和事故备用的任务。它以发电为主，同时具有防洪、旅游、灌溉、城市及工业用水等综合经济效益。

● 小浪底水利枢纽

小浪底水利枢纽工程位于河南省洛阳市以北、黄河中游最后一段峡谷的出口处，由拦河大坝、泄洪排沙系统和引水发电系统3部分组成。

工程于1991年开始前期准备，1994年主体工程开工，1997年10月实现截流，2001年完成主体工程，总装机容量180万千瓦。小浪底水利枢纽主要目的是防洪、防凌、减淤，兼顾供水、灌溉和发电，是治理开发黄河的关键性工程。

● 三门峡水利枢纽

三门峡位于中条山和崤山之间，因黄河被分流流经"人门""鬼门""神门"三峡谷而得名。三门峡工程于1957年开工兴建，1960年建成，水坝高353米，库容162亿立方米。由于泥沙冲积及修建中的问题，1965年又逐步对工程进行改建。自投入使用以来，三门峡水利工程在防洪、防凌、灌溉、供水、发电等方面产生了巨大的效益，为河南、河北、山西3省提供了丰富的电力，为河南提供了灌溉的水源，对河南、山东的防洪起到重要作用。

● 葛洲坝水利枢纽

葛洲坝水利枢纽工程位于长江三峡的西陵峡出口——南津关以下2300米处，距宜昌市镇江阁约4000米。大坝北抵汀北镇镜山，南接江南狮子包，全长2561米，坝顶高70米，宽30米，设计正常情况下上游最高水位66米，水库总库容15.8亿立方米。葛洲坝水利枢纽工程的兴建，使大坝的上游水位提高20多米，向上游回水100多千米，形成一个巨大的蓄水人造湖，有效地改善了三峡航道的险情。葛洲坝水利枢纽于1970年12月破土动工，1988年底建成，具有发电、航运、泄洪、灌溉等综合效益。

● 龙羊峡水利枢纽

龙羊峡水利枢纽位于黄河上游青海省共和县与贵南县交界的龙羊峡谷入口处，大坝高178米，坝长367.6米，库容量247亿立方米，总装机容量128万千瓦，年发电量60亿千瓦时。龙羊峡水利枢纽是黄河上游第一梯级水电站，它以发电为主，兼有防洪、灌溉、防汛、渔业、旅游等综合功能，有"龙头电站"之称。该工程于1976年正式动工兴建，1989年6月，发电机组全部安装并网发电。

● 青铜峡水利枢纽

青铜峡水利枢纽位于宁夏回族自治区青铜峡市黄河中游青铜峡段峡谷出口处。电站是该枢纽的主体部分，以河床闸墩式、带有排沙底孔布置，由8台机组和7个溢流坝相间组成，以土坝、混凝土重力坝与两岸相连，总装机容量27.2万千瓦，年发电13.5亿千瓦时。青铜峡工程于1958年8月开工兴建，1960年2月截流，1967年第一台机组发电，1978年竣工，是一座兼有灌溉、发电、防洪、防凌等综合功能的大型水利枢纽工程。

● 西气东输工程

西气东输就是将中国西部地区的天然气向东部地区输送。工程西起新疆塔里木盆地以南，东至上海市西郊白鹤镇，由西向东途经新疆、甘肃、宁夏、陕西、山西、河南、安徽、江苏和上海等省（区、市），管道全长4000千米，输气规模为每年120亿立方米。西气东输管道工程是西部大开发战略的标志性工程，是我国距离最长、口径最大的输气管道。这项工程已于2004年全线贯通并投产。

● 西电东送工程

西电东送工程是国家西部大开发战略的标志性工程之一，它是指开发贵州、云南、广西、四川、内蒙古、山西、陕西等西部省（区）的电力资源，将其输送到电力紧缺的广东、上海、江苏、浙江和京津唐地区。这一工程从北到南，从西到东，形成北、中、南3线送电格局。北线由内蒙古、陕西等省（区）向华北电网输电，并逐步向京津唐地区发电；中线由四川等地向华中、华东电网输电；南线由云南、贵州、广西等省（区）向华南电网输电。

● 三北防护林工程

三北防护林工程又称"修造绿色万里长城"活动，于1979年11月25日经国务院批准兴建。按照工程建设总体规划，从1978—2050年，规划造林5.34亿亩，使三北地区的森林覆盖率由5.05%提高到14.95%，沙漠化土地得到有效治理，水土流失得到基本控制，生态环境和人民群众的生产生活条件从根本上得到改善。该工程地跨东北西部、华北北部和西北大部分地区，包括我国北方13个省（自治区、直辖市）的551个县（旗、市、区），建设范围东起黑龙江省的宾县，西至新疆维吾尔自治区乌孜别里山口，东西长4480千米，南北宽560—1460千米，总面积406.9万平方千米，占国土面积的42.4%。截至2006年，三北防护林建设工程共完成造林2500多万公顷。

● 长江中上游防护林工程

长江中上游防护林工程是在长江中上游流域各省区实施的林业生态工程，区域范围包括青海、四川、湖北、湖南、重庆、安徽、云南、江西、陕西、西藏、河南11个省（区、市）的271个县。按照工程规划，计划于1989—2000年新增造林面积667万公顷，并计划用30—40年时间，在保护好现有森林植被基础上，增加森林面积2000万公顷，从根本上恢复和扩大森林植被，遏制水土流失，维护长江流域生态环境的稳定，保证社会经济健康平稳发展。

● 退耕还林工程

退耕还林工程是指从保护和改善西部生态环境出发，将易造成水土流失的坡耕地和易造成土地沙化、盐碱化、石漠化的耕地，有计划、分步骤地停止耕种，因地制宜地造林种草，恢复林草植被。退耕还林是减少水土流失、减轻风沙灾害、改善生态环境的有效措施，是增加农民收入、调整农村产业结构、促进地方经济发展的有效途径，是西部大开发战略的重要政策之一，其基本措施是"退耕还林，封山绿化，以粮代赈，个体承包"。退耕还林工程覆盖25个省（区、市）和新疆生产建设兵团，涉及3200多万农户、1.24亿农民。截至2008年底，退耕还林工程共完成退耕造林1.39亿亩、荒山荒地造林2.37亿亩、封山育林2700万亩，累计造林4.03亿亩，中央累计投入1961亿元。

● 填海造地

填海造地是人类向海洋拓展生存和发展空间的一种重要手段，是海洋开发活动中一种重要的海岸工程。世界上一些沿海国家和地区自古就有围填海的实践，中国自汉代就开始围海；荷兰从13世纪就开始围海造地；日本战后通过填海新造陆地1500平方千米以上。但是，填海造地也带来巨大的负面影响，它破坏和缩减自然岸线，威胁海岸动态平衡，导致局部海域海洋生态系统退化，近岸海域渔业资源衰退，海洋环境污染加剧。

● 三大产业

三大产业之间划分的标准和范围，世界各国并没有一致的意见。通常使用的是联合国的分类方法：第一产业包括农业、林业、牧业和渔业；第二产业包括制造业、采掘业、建筑业和公共工程、上下水道、煤气、卫生部门；第三产业包括商业、金融、保险、不动产业、运输、通讯业、服务业及其他非物质生产部门。一般认为，第三产业的发展状况标志着一个国家或地区经济发达的水平，例如发达国家美国、日本的城市第三产业的比重一般为60%—70%，我国第三产业的比重仅占40%左右。

● 中国工业基地

中华人民共和国成立以前，中国工业水平极其落后，经过50多年的发展建设，中国的工业门类、结构、布局正逐步变得齐全、合理。从沿海到内陆，从重工业到轻工业，从一般产业到尖端技术产业，从国有大企业到乡镇企业以及各种非公有制企业，已经形成了一个较为完整、有一定技术水平和生产能力的工业体系，建成了一系列重要工业基地。

长江三角洲工业基地是中国华东经济区的核心，包括上海、南京、杭州、苏州、无锡、常州、镇江、宁波、南通等城市。这里轻重工业都很发达，是中国历史最悠久、规模最大、结构最完整、技术水平和经济效益最高的第一大综合性工业基地。

京津唐工业基地是中国华北经济区的核心，包括北京、天津、唐山、秦皇岛、廊坊、保定、石家庄等城市。这里重工业比重略大于轻工业，结构比较协调，矿产资源丰富，是中国第二大综合性工业基地。

辽中南工业基地是中国东北经济区的核心，中国第三大工业基地，也是东北老工业基地所在，它包括沈阳、抚顺、鞍山、本溪、大连、营口、盘锦、辽阳等城市。这里是中国最大的重工业基地，工业区内煤、铁、石油资源丰富，交通便利，工业基础良好，具有广阔的市场空间。

珠江三角洲工业基地是中国华南经济区的核心，包括广州、深圳、珠海、惠州、东莞、佛山、中山、江门等城市。这里是以轻工业为主的综合工业基地，由于毗邻港澳地区，经济发展较快，尤其是外向型经济得到迅速发展，是中国近年来发展速度最快的工业基地。

● 中关村

中关村始建于1988年，是中国第一个国家级高新技术产业开发区，被誉为"中国的硅谷"。中关村科技园区覆盖了北京市科技、智力、人才和信息资源最密集的区域，拥有联想、方正等高新技术企业2万余家；以北京大学、清华大学为代表的高等院校39所；以中国科学院、中国工程院、北京生命科学研究所为代表的科研院所200多家；国家级重点实验室63个，国家工程研究中心37个，国家工程技术研究中心49个；TD－SCDMA等产业技术联盟37个，大学科技园14家。中关村重点发展电子信息、能源环保、生物工程与新医药、新材料等领域高技术产业，引领了中国高新技术产业发展的潮流，是我国高科技产业参与国际竞争的重要力量。

西部大开发

实施西部大开发战略，是中国面向21世纪的一项重大举措，其范围主要包括重庆、四川、贵州、云南、西藏、陕西、甘肃、青海、宁夏、新疆、内蒙古、广西12个省（区、市）。整个西部地区国土面积约占全国的71%，人口约占29%，其中少数民族人口约占75%。由于自然、历史等原因，西部地区发展水平相对较低，与东部地区存在较大差异。但西部地区也有自身的优势：能源矿产丰富、农牧业历史悠久、地理风貌独特、人文遗迹众多、民族风情多样、旅游资源独具魅力、自然条件得天独厚，蕴藏着巨大的市场潜力，经济增长空间十分广阔。此外，西部地区还是众多大江大河的发源地，在全国生态环境建设中具有举足轻重的地位。1999年，西部大开发战略正式出台，2000年12月27日，《国务院关于实施西部大开发若干政策措施的通知》发布，标志着中国实施西部大开发战略迈出实质性步伐。

可持续发展

"可持续发展"的概念最先于1972年在斯德哥尔摩举行的联合国人类环境研讨会上正式讨论。1987年世界环境与发展委员会在《我们共同的未来》报告中系统的阐述了可持续发展的思想，得到了国际社会的广泛认可：既满足当代人的需求，又不对后代人满足其需求的能力构成危害的发展称为可持续发展。它们是一个密不可分的系统，既要达到发展经济的目的，又要保护好人类赖以生存的大气、淡水、海洋、土地和森林等自然资源和环境，使子孙后代能够永续发展和安居乐业。

资源与能源

人们通常所说的资源一般是指自然资源，它广泛地存在于自然界和人类社会中，是一种自然存在物或能够给人类带来财富的财富，如气候资源、土地资源、水资源、生物资源、矿产资源、旅游资源和海洋资源等；而能源的概念相对小一些，很大一部分能源依赖于自然资源而产生，确切而简单地说，能源是一种呈多种形式的、可以相互转换的能量源泉。

● 资源与能源

在地理领域，资源一般指自然资源，它是广泛存在于自然界并能为人类利用的自然要素，一般可分为气候资源、土地资源、水资源、生物资源、矿产资源、旅游资源和海洋资源等；能源全称"能量资源"，是可从中获得热能、机械能、电能、化学能、光能或核能等各种形式能量的自然资源，可分为一次能源和二次能源两类。资源与能源的关系是：资源的范围较广，除小部分是经过人类二次开发获取的能源外大多存在于资源的范畴内。

● 一次能源与二次能源

一次能源为没有经过加工的天然能源，属于自然资源。而二次能源是经过人为加工转换后得到的另一种形式的能源，不属于自然资源，如沼气与人工沼气、煤与煤气、核能与核电等都是一次能源与二次能源的关系。

● 新能源

新能源又称非常规能源，是指传统能源之外的各种能源形式。它的各种形式都是直接或者间接地来自太阳或地球内部所产生的热能。它包括太阳能、风能、生物质能、地热能、水能和海洋能以及由可再生能源衍生出来的生物燃料和氢所产生的能量。也可以说，新能源包括各种可再生能源和核能。相对于传统能源，新能源普遍具有污染少、储量大的特点，对于解决当今世界严重的环境污染问题和资源（特别是化石能源）枯竭问题具有重要意义。

● 绿色能源

绿色能源即清洁能源，狭义的绿色能源是指可再生资源，如水能、生物能、太阳能、地热能和海洋能等。这些可再生能源不但可以恢复补充，还不会产生污染。广义的绿色能源是指在能源的生产和消费过程中，对生态环境不会造成污染或者污染比较小的能源类型。

● 不可再生资源

不可再生资源是在人类开发利用后，在相当长的时间内不可能再生的自然资源。它主要指自然界的各种矿物、岩石和化石燃料，例如泥炭、煤、石油、天然气、金属矿产、非金属矿产等。这类资源是在地球长期演化历史过程中，在一定阶段、一定地区、一定条件下，经历漫长的地质时期形成的，与人类社会的发展相比，其形成非常缓慢，与其他资源相比，再生速度很慢或几乎不能再生。人类对不可再生资源的开发和利用是一种消耗，不可能保持其原有储量或再生。

● 可再生资源

可再生资源是通过天然作用或人工活动能再生更新，并为人类反复利用的自然资源，又称为更新自然资源，如土壤、植物、动物、微生物和各种自然生物群落、森林、草原、水生生物等。可再生自然资源在现阶段自然界的特定时空条件下，能持续再生更新、繁衍增长，保持或扩大其储量，依靠种源而再生。

● 水资源

广义地讲，水资源是指水圈内水量的总体。水资源是世界上分布最广，数量最大的资源，覆盖着地球表面70%以上的面积，总量近15亿立方千米。而人们通常所说的水资源，主要是指可供人类直接利用、有一定数量并能不断更新的淡水，其总量仅占全球总水量的2.53%，且大部分为固体冰川，主要分布在南北两极。还有一部分淡水埋藏于深层地下，很难进行开采。人类比较容易利用的淡水资源，主要是河流水、湖泊水以及浅层地下水，储量仅占全球淡水资源的30%左右。

● 水利资源与水力资源

水利资源指能被人类控制或基本控制的应用于灌溉、给水、发电、航运、养殖等方面的用水，国内外文献中也有的仅将其理解为灌溉用水。近年来常以"水资源"一词替代、包容"水利资源"；水力资源属于水利资源的范畴，通常指天然河流或湖泊、波浪、洋流所蕴藏的动能资源，其能量大小决定于水位落差和径流量的大小等。中国水力资源理论蕴藏量约6.89亿千瓦，技术可开发量是4.93亿千瓦，经济可开发量是3.95亿千瓦，水电资源蕴藏量居世界第一。

● 土地资源

土地资源是指当前已经被人类所利用和可预见的未来能被人类利用的土地，它并非指陆地表层的全部土地。土地资源既包括自然范畴，即土地的自然属性，也包括经济范畴，即土地的社会属性。在今后一段相当长的时间内，极地、高山、荒漠、沼泽还难以利用，暂时还难以算为土地资源。中国虽国土辽阔，土地资源总量丰富，且土地利用类型齐全，但人均土地资源占有量极小，各类土地所占的比例不尽合理，特别是人与耕地的矛盾尤为突出。

● 冻土

冻土是指零摄氏度以下，含有冰的各种岩石和土壤。它是一种对温度极为敏感的土体介质，含有丰富的地下冰。因此，冻土具有流变性，其长期强度远低于瞬时强度的特征。正由于这些特征，在冻土区修筑工程构筑物就必须面临两大危险：冻胀和融沉。随着气候变暖，冻土正在不断退化。

● 能源资源

凡是能够提供某种形式能量的物质或物质的运动都可以称为能源。大自然赋予人类多种多样的能源，按其形成和来源，一般可以分为三类：一是来自太阳的能量，包括太阳辐射能和间接来自太阳能的煤炭、生物能等；二是来自地球本身的能量，如地热能；三是来自地球和其他天体相互作用所产生的能量，如潮汐能。

● 矿产资源

矿产资源是富集于地壳中或出露于地表，可被人类开发利用的矿物的总称。矿产资源是一种非可再生的自然资源，是社会生产发展的重要物质基础。一个国家对矿产资源开发利用的程度和深度，从某种意义上说，可以作为这个国家经济发展水平的标志。随着社会生产的发展和对矿产资源的利用，某些矿产资源面临着短缺甚至开始枯竭，人类正在寻找新的可替代的资源。

● 岩石

岩石是天然产出的、按照一定的方式结合而成的具有稳定外型的矿物或玻璃集合体，是构成地壳和上地幔的物质基础。按照岩石的成因可分为岩浆岩、沉积岩和变质岩。岩浆岩即火成岩或喷出岩，是由岩浆侵入地壳或喷出地表冷凝而成的岩石；沉积岩是在地表条件下由风化作用、生物作用和火山作用的产物经水、空气和冰川等外力的搬运、沉积和成岩固结而形成的岩石；变质岩即岩浆岩、沉积岩由于其所处地质环境的改变经变质作用而形成的岩石。

● 煤炭

煤炭是古代植物埋藏在地下经过复杂的生物化学和物理化学变化逐渐形成的固体可燃性矿物。构成煤炭有机质的元素主要有碳、氢、氧、氮和硫等，此外，还有极少量的磷、氟、氯和砷等元素。碳、氢、氧是煤炭有机质的主体，含量占95%以上。煤炭作为最古老的能源之一，中国汉代时就已经普遍使用。直到今天，煤炭在中国仍然作为第一能源。因此，煤炭被人们誉为"黑色的金子""工业的食粮"。然而，煤炭开采所带来的生态破坏、环境污染也非常严重。

● 石油

石油也称原油，是从地下深处开采的一种黏稠的、深褐色液体。它由不同的碳氢化合物混合组成，其主要成分是各种烷烃、环烷烃、芳香烃的混合物，此外，还含硫、氧、氮、磷、钒等元素。石油是由古代海洋或湖泊中的生物经过漫长的演化形成的，不同油田的石油成分和外貌可以有很大差别。石油主要被用来作为燃油，是世界上最重要的一次能源之一。石油也是许多化学工业产品的原料，如溶液、化肥、杀虫剂和塑料等。目前世界上开采的石油88%被用作燃料，12%被用作化工业原料。

● 天然气

通常所称的天然气是指贮存于地层较深部的一种富含碳氢化合物的可燃气体，它具有无色、无味、无毒且无腐蚀性等特性，可用作气体燃料和化工原料。天然气的主要成分为甲烷，也包括一定量的乙烷、丙烷和重质碳氢化合物，还有少量的氮气、氧气、二氧化碳和硫化物的可燃性气体。在中国，天然气分布很广，最早在四川自贡自流井使用天然气，距今已有5000年历史，是世界上最早发现和使用天然气的地区。

● 海洋资源

海洋资源是蕴藏在海洋中，人类可能利用的一切物质和能量的统称。人类开发利用的海洋资源，主要有海洋化学资源、海洋生物资源、海底矿藏资源和海洋能源4种。目前，海洋中已发现有80多种化学元素，20多万种生物，此外还蕴藏着大量的石油、天然气、金属矿产等。海水不仅可以直接作为工业冷却水，而且海水运动中蕴藏着巨大的能量，潮汐能和波浪能具有非常大的开发价值。

● 海洋渔场

渔场即鱼类或其他水生经济动物密集经过或滞游的具有捕捞价值的水域。海洋渔业资源主要集中在沿海大陆架海域，在水深200米以内的浅海区，一般拥有丰富的大陆冲积物和营养物质（饵料），大都能形成优良的渔场。此外，拥有上升水流区域或寒暖流对流旺盛的水域，海水运动会将大量的营养物质从海底带到水面，也能形成良好的渔场。北海渔场、纽芬兰渔场、北海道渔场和秘鲁渔场被称为世界四大渔场。

● 动物资源

动物资源是生物圈中一切动物的总和，通常包括驯养动物资源、水生动物资源及野生动物资源。动物是人类的朋友，与人类生活有着极为密切的关系，不仅可提供肉、乳、皮毛和畜力，而且是发展食品、轻纺、医药等工业的重要原料。野生动物资源在维持生物圈的生态平衡中具有重要作用。中国的动物资源非常丰富，其中闻名世界的大熊猫、藏羚羊、扭角羚、褐马鸡、扬子鳄等都是一级保护动物。但同时，动物资源也面临着非法捕猎、环境变化等严重威胁。

● 草场资源

草场资源又称草地资源，指以生长多年生草本植物（或可食灌木）为主的、可供放养或割草饲养牲畜的土地。草场资源是生物圈的重要组成部分，为发展畜牧业提供了物质基础，同时又为人类提供大量的野生动植物资源，在维持生物圈的生态平衡上起着重要作用。中国草场资源非常丰富，全国各类草场面积达4亿公顷，居世界第二位。可利用的草场面积有3亿公顷，为耕地面积的3倍。

● 四大牧区

内蒙古自治区是中国最大的牧区。它东起大兴安岭，西至额济纳戈壁，草原面积13.2亿亩，约占中国草场面积的1/4；新疆维吾尔自治区是中国第二大牧区，草原面积12亿亩，其中可利用草场约7.5亿亩，占中国可利用草场面积的26.8%；西藏自治区是中国最大的高寒草甸草原畜牧区，草场面积约8亿亩，在中国居第三位。由于自然条件高寒，草场质量以藏东南的山地峡谷较好；青海是中国第四大牧区，草场面积约为10.8亿亩，可利用草场约5亿亩。

● 商品性农业生产基地

商品粮基地（九大基地）：太湖平原、洞庭湖平原、江汉平原、鄱阳湖平原、成都平原、珠江三角洲、江淮地区、松嫩平原、三江平原。
商品棉基地（五大基地）：江汉平原；冀中南、鲁西北、豫北平原；长江下游滨海、沿江平原；黄淮平原；新疆南部。
油料作物基地：花生，山东；油菜，长江流域、黄淮海平原及辽、黑、华南地区；芝麻，河南；胡麻，西北内陆地区。
糖料作物基地：甘蔗，台湾、广东、福建、四川、云南、海南；甜菜，黑龙江、吉林、内蒙古、新疆。

出口商品基地：太湖平原、闽南三角洲地带、珠江三角洲。

● 森林资源

森林资源是林地和林地内的动植物以及林地环境的总称。林地包括乔木林地、疏林地、灌木林地、林中空地、采伐迹地、火烧迹地、苗圃地和国家规划宜林地。森林既是生产木材林副业产品的生物资源，又是调节大气含氧量、调节气候、净化空气、涵养水源、保持水土的环境资源，更是提供各种美丽景观的旅游资源。森林资源的保护、永续利用对于人类发展有极其重要的意义。

● 森林覆盖率

森林覆盖率亦称森林覆被率，指一个国家或地区森林面积占土地面积的百分比，是反映一个国家或地区森林面积占有情况或森林资源丰富程度及实现绿化程度的指标，又是确定森林经营和开发利用方针的重要依据之一。中国虽国土辽阔，但森林资源较少，森林覆盖率较低，绝大部分森林资源分布于东北、西南等边远山区和台湾山地及东南丘陵。国务院公布的第七次全国森林资源清查结果显示，中国森林覆盖率20.36%，只有全球平均水平的2/3，排在世界第139位。

● 旅游资源

自然界和人类社会凡能对旅游者产生吸引力，可以为旅游业开发利用，并可产生经济效益、社会效益和环境效益的各种事物和因素，均称为旅游资源。旅游资源主要包括自然风景旅游资源和人文景观旅游资源。前者包括高山、峡谷、森林、火山、江河、湖泊、海滩、温泉、野生动植物、气候等，可归纳为地貌、水文、气候、生物4大类。后者包括历史文化古迹、古建筑、民族风情、现代建设新成就、饮食、购物、文化艺术和体育娱乐等，可归纳为人文景物、文化传统、民情风俗、体育娱乐4大类。

● 气候资源

"气候资源"的概念约形成于20世纪70年代，它是指能为人类经济活动所利用的光能、热量、水分与风能等，是一种可利用的再生资源，也是我国的十大自然资源之一。它包括太阳辐射、热量、水分、空气、风能等，是一种取之不尽，不可替代的资源类型。气候资源是一种宝贵的自然资源，可以为人类的物质生产过程提供原材料和能源。随着人口迅速增加以及工业的飞速发展，气候资源的不足越来越严重，并且面临着恶化甚至破坏的厄运。

● 核电站

核电站又称原子能发电站，就是利用一座或若干座动力反应堆所产生的热能来发电或发电兼供热的动力设施。反应堆是核电站的关键设备，链式裂变反应就在其中进行。目前世界上核电站常用的反应堆有压水堆、沸水堆、重水堆和改进型气冷堆以及快堆等，但使用最广泛的是压水反应堆。压水反应堆是以普通水作冷却剂和慢化剂，它是从军用堆基础上发展起来的最成熟、最成功的动力堆堆型。

● 氢能

在众多的新能源中，氢能以其重量轻、无污染、热值高、应用面广等独特的优点脱颖而出，将成为21世纪的理想能源。1958年，氢能的可燃性被人们重新注意，它也由此正式登上能源舞台。由于氢易于燃烧，而且燃烧热值高，其燃烧产物又是水，没有灰渣和废气，因而在许多高新技术领域得到应用，并显示出高效率的特点。例如，超音速飞机使用氢燃料比使用常规燃料效率高38%，氢燃料汽车的效率约为汽油车的2.5倍。此外，氢还可以作为太空飞行器的高效能燃料。

● 核能

核能是原子核裂变或聚变过程中所释放的能量，符合阿尔伯特·爱因斯坦的质能方程 $E=mc^2$，其中 E=能量，m=质量，c=光速常量。核能的释放主要有3种形式：

1.核裂变能。所谓核裂变能是通过一些重原子核（如铀–235、铀–238、钚–239等）的裂变释放出的能量。

2.核聚变能。由两个或两个以上轻原子核（如氢的同位素——氘和氚）结合成一个较重的原子核，同时发生质量亏损释放出巨大能量的反应叫做核聚变反应，其释放出的能量称为核聚变能。

3.核衰变。核衰变是一种自然的慢得多的裂变形式，因其能量释放缓慢而难以加以利用。

● 核反应堆

核反应堆又称为原子反应堆或反应堆，是装配了核燃料以实现大规模可控制裂变链式反应的装置，被人们形象地称为"核电站的锅炉"。它可以控制核裂变反应的速度，能根据人们的需要释放出巨大的核能。核能的主要用途是发电，也用于核能供热和核动力。

● 风能

风能是地球表面大量空气流动所产生的动能，受地形的影响较大。在自然界中，风是一种可再生、无污染而且储量巨大的能源。对风能的利用主要是以风能作动力和风力发电两种形式，其中又以风力发电为主，其丰富程度决定于风能密度和可利用的风能年累积小时数。据估算，全世界风能总量约1300亿千瓦，中国风能总量约16亿千瓦。

● 风力发电

风力发电是指利用风力做功，带动风车叶旋转，再通过增速机提高旋转的速度，带动发电机组进行发电。这一过程，其实就是将风的动能转化为机械能，再把机械能转化为电能的过程。风力发电所需要的装置称为风力发电机组，它一般由风轮（包括尾舵）、发电机和铁塔3部分组成。一般来讲，3级风就有利用的价值。但从经济合理的角度出发，风速大于每秒4米才适宜于发电。据统计，截止到2006年底，世界风力发电总量居前3位的分别是德国、西班牙和美国，风力发电量占全球风力发电总量的60%。

● 水力发电

水力发电是指利用江河水流从高处流到低处的位能和动能进行发电。利用水能的最普遍的形式是建设水电站，当江河水流由上游高水位，经过水轮机流向下游低水位时，以其所具有的流量和落差做功，推动水轮机旋转，带动发电机发出电力。将水能转换为电能的综合工程设施称为水电站，它包括为利用水能生产电能而兴建的一系列水电站建筑物及装设的各种水电站设备。中国已建成长江三峡、葛洲坝、龙羊峡等多个大规模水电站。

● 火力发电

利用煤、石油和天然气等化石燃料所含能量发电的方式统称为火力发电。按发电方式，火力发电分为燃煤汽轮机发电、燃油汽轮机发电、燃气—蒸汽联合循环发电和内燃机发电。目前，中国火力发电厂采用比较多的是燃煤汽轮机发电。发电厂由锅炉、汽轮机、发电机3大主要设备和相应的辅助设备组成。通过燃料燃烧，把水变成高温、高压的蒸汽，冲动汽轮机旋转，汽轮机带动发电机发电。发电机发出的电经过升压变压器，把电压升高后送至电网。

● 潮汐能

海水的一涨一落中蕴藏着巨大的能量。在涨潮的过程中，汹涌而来的海水具有很大的动能，这种动能随着海水水位的升高转化为势能；在落潮的过程中，海水奔腾而去，水位逐渐降低，势能又转化为动能。海水在涨落潮中所形成的大量动能和势能，就是通常所说的潮汐能。潮汐能的大小随潮差而变化，潮差越大，潮汐能也就越大。据海洋学家计算，世界上可利用的潮汐能发电资源量在10亿千瓦以上，中国潮汐能的理论蕴藏量达到1.1亿千瓦。

● 波浪能

波浪能是指海洋表面波浪所具有的动能和势能。在波浪能发电装置的作用下，把波浪能转换为机械能，再转换成电能，这个过程就是波浪能发电的过程。波浪能是一种取之不尽的能量密度高、分布范围广的可再生清洁能源。中国有广阔的海洋资源，波浪能的理论存储量为7000万千瓦左右，沿海波浪能能流密度大约为每米2—7千瓦，但目前，这一领域利用水平还处于相当低的水平。

● 太阳能

太阳能通常指太阳光的辐射能量，这些能量来自太阳内部连续不断地核聚变反应，即太阳内部由"氢"聚变成"氦"的原子核反应，在这一反应中太阳释放出巨大的能量，每秒钟照射到地球上的能量就相当于燃烧500万吨煤释放的热量。近年来，太阳能的利用已日益广泛，它包括太阳能的光热利用、光电利用和光化学利用等。太阳能发电作为一种来源于自然的、清洁的、可再生新能源，越来越受到人们的青睐，被广泛用于工作与生活当中。

● 太阳辐射

太阳辐射是地球上最主要的能量源泉，它是指太阳向宇宙空间发射的电磁波和粒子流，其主要波长范围是0.15—4微米，包括红外线（大于0.76微米）、紫外线（小于0.4微米）和可见光（0.4—0.76微米）3部分。太阳辐射能主要集中在波长较短的可见光部分，因此太阳辐射又称为短波辐射。在1平方厘米的表面上，在1分钟内获得的太阳辐射能量叫太阳辐射强度，影响太阳辐射强度的最主要因素是太阳高度角。

● 地热能

地热能是来自地球内部的，并以热力形式存在的一种可再生天然热能，地热发电是其主要利用方式。此外，地热能还是引发火山爆发和地震的能量源，主要分布在火山和地震多发的构造板块边缘一代，开发难度较大。世界地热资源主要分布于5个地热带：1.环太平洋地热带；2.地中海、喜马拉雅地热带；3.大西洋中脊地热带；4.红海、亚丁湾、东非大裂谷地热带；5.其他地热区。

● 沼气

沼气是多种有机物在一定的湿度、浓度、酸碱度和隔绝空气的条件下，经过各类厌氧微生物的分解代谢而产生的一种可燃性气体。由于这种气体是最先在沼泽中被发现，所以称之为沼气。沼气是一种混合气体，其中主要成分是甲烷，占总气体体积的50%—70%；其次是二氧化碳，占30%—40%。除此以外，还含有少量的氮、氢、氧、氨、一氧化碳和硫化氢等气体。甲烷、氢和一氧化碳是可燃气体，对沼气的开发主要是利用这一部分气体的燃烧来获得能量。

● 能源危机

能源危机是指能源供应短缺或价格上涨等现象，通常会造成经济的衰退。狭义的能源危机又称为"石油危机"，是指20世纪70年代以来，世界上一些发达国家出现的以石油为主的能源供不应求以及由此造成的经济混乱和社会动荡的局面。当时，在西方国家的一些大城市里，出现了排队抢购燃油的风潮，在英国伦敦甚至出现了马拉小轿车的怪现象。

环境与灾害

环境问题多种多样，归纳起来可以有两大类：一类是自然演变和自然灾害引起的原生环境问题，一类是人类活动引起的次生环境问题。很多时候环境问题与自然灾害都是相伴而生，对人类的生产、生活和健康造成严重的影响。

● 地理环境

地理环境是指一定社会所处的地理位置以及与此相联系的各种自然条件的总和，包括气候、土地、河流、湖泊、山脉、矿藏以及动植物资源等。地理环境位于地球表层，处于岩石圈、水圈、大气圈、土壤圈和生物圈相互制约、相互渗透、相互转化的交融带上，其厚度约10—30千米。这里是来自地球内部的内能和来自太阳辐射的外能的交融地带，有着适合人类生存的物理条件、化学条件和生物条件，因而构成了人类活动的基础。

● 生态系统

"生态系统"的概念是由英国生态学家坦斯利于1935年首先提出的，它是指在一定的空间内生物成分和非生物成分通过物质循环和能量流动相互作用、相互依存而构成的一个生态学功能单位。它把生物及其非生物环境看成是互相影响、彼此依存的统一整体。生态系统不论是自然的还是人工的，都具下列共同特性：1.它是生态学上的一个主要结构和功能单位，属于生态学研究的最高层次。2.内部系统具有自我调节能力。3.能量流动、物质循环是生态系统的两大功能。4.营养级的数目因生产者固定能值所限及能流过程中能量的损失，一般不超过5—6个。5.它是一个动态系统，要经历一个从简单到复杂、从不成熟到成熟的发育过程。

● 生态平衡

生态平衡是指生态系统内两个方面的稳定：一方面是生物种类（即生物、微生物等）的组成和数量比例相对稳定；另一方面是非生物环境（包括空气、阳光、水、土壤等）保持相对稳定。生态平衡是一种动态平衡。比如，生物个体会不断发生更替，但总体上看系统保持稳定，生物数量没有剧烈变化。生态系统的平衡往往是大自然经过了很长时间才建立起来的动态平衡。一旦受到破坏，有些平衡就无法重建了，带来的恶果可能是靠人的努力而无法弥补的。

● 生态破坏

生态破坏是指人类不合理地开发、利用造成森林、草原等自然生态环境遭到破坏，从而使人类、动物、植物的生存条件发生恶化的现象。植被破坏、水土流失、土地荒漠化、土地盐碱化、生物的多样性减少等都属于生态破坏，也称环境破坏，其后果往往需要很长的时间才能恢复，有些甚至是不可逆的。

● 湿地

湿地指位于陆生生态系统和水生生态系统之间的过渡性地带。在土壤浸泡在水中的特定环境下，生长着很多湿地的特征植物。湿地广泛分布于世界各地，拥有众多野生动植物资源，是重要的生态系统。很多珍惜水禽的繁殖和迁徙都离不开湿地，因此湿地被称为"鸟类的乐园"。湿地具有强大的生态净化作用，因而又有"地球之肾"之称。湿地是地球上有着多种功能的，富有生物多样性的生态系统，是人类最重要的生存环境之一。

● 荒漠化与盐碱化

人们通常把干旱、半干旱地区和一些半湿润地区，生态环境遭到破坏而形成贫瘠的荒漠或类似荒漠的过程称为荒漠化。据统计，荒漠化土地已占全球土地面积的35%，涉及100多个国家和地区。产生荒漠化的原因除干旱、地表疏松等自然因素外，也与人为地滥垦滥伐，水土资源不合理利用密切相关；盐碱化是指土壤含盐量太高（超过0.3%），农作物低产或不能生长。形成盐碱化的原因一个是气候干旱和地下水位高（高于临界水位），另一个原因是地势低洼，不便排水，洼地水分蒸发后，即留下盐分，形成盐碱地。

● 水土流失

水土流失是土壤或松散的风化壳在缺乏植被保护情况下发生侵蚀，土壤严重流失的现象。水土流失是自然现象，其产生的原因既有自然因素，也有人为因素。自然因素主要有地形、降雨、土壤（地面物质组成）、植被等。人为因素主要指人类不合理的生产建设活动，如陡坡开荒、不合理的林木采伐、草原过度放牧、开矿、修路、采石等，造成严重的水土流失。

● 生态城市

"生态城市"这一概念是在20世纪70年代联合国教科文组织发起的"人与生物圈（MAB）"计划研究过程中提出的。它是指在生态系统承载能力范围内，运用生态经济学原理和系统工程方法建设起来的城市。其特征首先应该是一座绿色的园林城市，绿地覆盖率较高（50%以上）；其次应是一座环境质量良好的城市，空气清新，有害气体含量保持最低水平（一类空气标准），不对居民健康带来危害；第三应是一个宁静的城市，生产和车辆发出的噪声在允许的范围内；第四，建筑风格应该和周围自然环境相协调，并讲究高尚的文化品位。

● 生态旅游

"生态旅游"这一术语最早由世界自然保护联盟（IUCN）特别顾问谢贝洛斯·拉斯喀瑞于1983年首先提出，1993年国际生态旅游协会把其定义为：具有保护自然环境和维护当地人民生活双重责任的旅游活动。生态旅游的内涵更强调的是对自然景观的保护，是可持续发展的旅游。它不以牺牲环境为代价，并且必须使当代人享受旅游自然景观、人文景观的机会与后代人相等。当前，生态旅游发展较好的国家主要有美国、加拿大、澳大利亚等国。

● 一次污染

一次污染也称原生污染，是指污染物由污染源直接排入环境所引起的污染。一次污染是相对于二次污染而言的，是环境污染中的主要污染类型，其物理、化学性质都没有发生变化。最常见的一次污染物主要有：颗粒物、火山灰、土壤中的重金属、有机物、二氧化硫、一氧化碳、氟利昂、氮氧化物、碳氢化合物等。

● 二次污染

二次污染是指污染物由污染源排入环境后，在物理、化学或生物作用下生成新的污染物（二次污染物）而对环境产生二次污染的再次污染。通常，二次污染的危害比一次污染严重，并由于其形成机理复杂，防治也较困难。如20世纪40年代美国洛杉矶发生的光化学烟雾事件，是由于人的生产活动和汽车行驶排入大气中的烃类及其他化合物，在阳光作用下发生光化学反应，进一步生成以臭氧为主的多种强氧化剂，从而引起更严重的大气污染，即二次污染。

● 水污染

水污染即水体因某种不良物质的介入，导致其化学、物理、生物或者放射性等方面特征的改变，从而影响水的有效利用，危害人体健康或者破坏生态环境，造成水质恶化的现象。水污染具体可分为两种，一种是自然污染，另一种是人为污染，其中人为污染对人类影响最大。污染物主要有：1.未经处理而排放的工业废水；2.未经处理而排放的生活污水；3.大量使用化肥、农药、除草剂的农田污水；4.堆放在河边的工业废弃物和生活垃圾；5.森林砍伐，水土流失；6.因过度开采，产生矿山污水。

● 大气污染

大气污染是指自然或人为原因使大气中某些成分超过正常含量或排入有毒有害的物质，对人类、生物和物体造成危害的现象。按照国际标准化组织（ISO）的定义："大气污染通常是指由于人类活动或自然过程引起某些物质进入大气中，呈现出足够的浓度，达到足够的时间，并因此危害了人体的舒适、健康和福利或环境污染的现象"。目前已知的大气污染物约有100多种。有自然因素（如森林火灾、火山爆发等）和人为因素（如工业废气、生活燃煤、汽车尾气、核爆炸等）两类，且以后者为主，尤其是工业生产和交通运输所造成的污染。

● 土地污染

土地污染是指土地因受到采矿或工业废弃物或农用化学物质的侵入，恶化了土壤原有的理化性状，使土地生产潜力减退、产品质量恶化，并对人类和动植物造成危害的现象和过程。按污染源不同，可将其分为工业污染、交通运输污染、农业污染和生活污染4类。污染土壤的主要污染物包括：无机污染物（如重金属、酸、盐等）、有机农药（如杀虫剂、除莠剂等）、有机废弃物（如生物可降解或难降解的有机废物等）、化肥、污泥、矿渣和粉煤灰、放射性物质、寄生虫、病原菌等。土地污染的防治必须从治理污染源着手，防治土地污染和水污染并重，措施主要有：生物防治、施加抑制剂、增施有机肥料、加强水田管理、改变耕作制度和换土、翻土等。

● 海洋污染

海洋污染是指人类活动排放的污染物进入海洋，破坏海洋生态系统，引起海水质量下降的现象。这种破坏严重损坏环境质量，损害生物资源，危害人类健康，妨碍捕鱼和人类在海上的其他活动。海洋污染物依其海洋污染来源、性质和毒性，可将其分为6类：1.石油及其产品；2.金属和酸、碱；3.农药；4.放射性物质；5.有机废液和生活污水；6.热污染和固体废物。

近几十年，随着世界工业的发展，海洋的污染日趋严重，使局部海域环境发生了很大变化，并有继续扩展的趋势。

● 噪声污染

噪声污染是指所产生的环境噪声超过国家规定的环境噪声排放标准，并干扰他人正常工作、学习、生活的现象。其显著特点是：无污染物存在、不产生能量积累、时间有限、传播不远、振动源停止振动噪声消失、不能集中治理。噪声主要来源于交通工具、工厂机器设备、建筑施工和人们的社会、家庭活动。按照声音的频率可将其分为：小于400赫兹的低频噪声、400—1000赫兹的中频噪声及大于1000赫兹的高频噪声。

● 白色污染

白色污染是人们对难降解的塑料垃圾（多指塑料袋）污染环境现象的一种形象称谓。它是指用聚苯乙烯、聚丙烯、聚氯乙烯等高分子化合物制成的各类生活塑料制品使用后被弃置成为固体废物，由于随意乱丢乱扔，难于降解处理，以致造成城市环境严重污染的现象。目前我国开始从行政和技术两个方面采取措施，防治白色污染。并且，国家规定从2008年6月1日开始，到超市购物将不再免费提供塑料袋，以减少塑料袋的使用率。

● 汽车尾气污染

汽车尾气污染就是汽车行驶过程中所排放的废气对人类生存的自然环境造成的污染。可以说，汽车是一个流动的污染源，在世界各国，汽车污染早已不是新话题。20世纪以来，人们通过汽车尾气排放到大气中的铅就有数百万吨，是全世界公认的一种全球性污染。汽车尾气当中的主要成分有一氧化碳、二氧化硫、氮氧化合物、碳氢化合物、醛、含铅化合物及固体颗粒等上百种污染物，这些污染物不仅严重破坏环境，而且会对人体健康造成极大的危害。

● 世界八大公害事件

八大公害事件是指在世界范围内，由于环境污染而造成的轰动世界的公害事件：

1930年12月1—5日，比利时马斯河谷事件，这是20世纪最早记录下的大气污染惨案。

1948年10月26—31日，美国多诺拉烟雾事件，这是最早出现的由汽车尾气造成的大气污染事件。

20世纪40年代，美国洛杉矶光化学烟雾事件。

1952年12月5—8日，英国伦敦烟雾事件，这是20世纪世界上最大的由燃煤引发的城市烟雾事件。

1961年，日本四日市哮喘事件。

1968年3月，日本北九州市、爱知县一带米糠油事件。

1953—1956年，日本熊本县水俣市水俣病事件。

1955—1972年，日本富山县神通川流域痛痛病事件。

● 温室气体

温室气体是指大气中能吸收地面反射的太阳辐射，并重新发射辐射的一些气体，如水蒸气、二氧化碳、大部分制冷剂等。直接受人类活动影响的温室气体主要有：二氧化碳、甲烷、氧化亚氮、氢氟碳化物、全氟化碳、六氟化硫等。对气候变化影响最大的是二氧化碳。温室气体可以使地球表面升温，这一作用与"温室"的作用类似，称为"温室效应"，二氧化碳等气体则被称为"温室气体"。

● 热岛效应

热岛效应是由于人们改变城市地表而引起小气候变化的综合现象，是城市气候最明显的特征之一。由于城市化的速度加快，城市建筑群密集、柏油路和水泥路面比郊区的土壤、植被具有更大的热容量和吸热率，使得城区储存了较多的热量，并向四周和大气中辐射，造成了同一时间城区气温普遍高于周围郊区的气温，高温的城区处于低温的郊区包围之中，如同汪洋大海中的岛屿，人们把这种现象称之为"城市热岛效应"。

● 酸雨

酸雨是指含有一定数量的酸性物质（pH值小于5.65）的大气自然降水，包括雨、雪、雹、露等。酸雨中的酸性物质绝大多数是硫酸、硝酸等无机酸，多数情况下又以硫酸为主。酸雨主要是人为的向大气中排放大量酸性物质造成的。我国的酸雨主要是因大量燃烧含硫量高的煤而形成，多为硫酸雨，少硝酸雨，此外，各种机动车排放的尾气也是形成酸雨的重要原因。

● 厄尔尼诺

"厄尔尼诺"一词来源于西班牙语，原意为"圣婴"，指一种发生在热带海洋中的异常现象，其显著特征是赤道太平洋东部和中部海域海水出现显著增温。由于海水表面温度升高，海平面上空的大气温度随之上升，造成大气环流异常，严重影响世界各地气候。当厄尔尼诺现象发生时，世界上很多地方会发生诸如冷夏、暖冬、干旱、暴雨等异常气候。厄尔尼诺现象是周期性出现的，大约每隔2—7年出现一次。

● 拉尼娜

"拉尼娜"西班牙语意为"小女孩",是指赤道太平洋东部和中部海面温度持续异常偏冷的现象。拉尼娜现象与厄尔尼诺现象通常交替出现,对气候的影响大致相反,也称为"反厄尔尼诺"或"冷事件"。

● 赤潮

赤潮是指海洋中某些浮游生物(尤指藻类)、原生动物或细菌等在一定环境条件下爆发性繁殖或聚集达到某一水平,引起水色变化或对其他海洋生物产生危害作用的一种生态异常现象。赤潮是一个历史沿用名,它并不一定都是红色,实际上是许多赤潮的统称。根据赤潮发生的原因、种类和数量的不同,水体会呈现不同的颜色,有红颜色或砖红颜色、绿色、黄色、棕色等。除海水变色外,同时海水的pH值也会升高,黏稠度增加,非赤潮藻类的浮游生物会死亡、衰减;赤潮藻也因爆发性增殖、过度聚集而大量死亡。

● 臭氧空洞

臭氧空洞指的是因空气污染物质的扩散、侵蚀而造成大气臭氧层被破坏和减少的现象。臭氧层位于离地面10—50千米上空,是抗击太阳能辐射紫外线、保护地球生物圈最有效的"保护伞"。1984年,英国科学家首次发现南极上空出现臭氧洞。大气臭氧层的损耗是当前世界上普遍关注的全球性大气环境问题,由于臭氧层中臭氧的减少,照射到地面的太阳光紫外线增强,对生物细胞具有很强的杀伤作用,对生物圈中的生态系统和各种生物,包括人类,都会产生不利的影响。

● 国际保护臭氧层日

1995年1月23日,联合国大会考虑到保护臭氧层对地球生命的紧迫性，决定并宣布从1995年开始，每年的9月16日为"国际保护臭氧层日"，旨在纪念1987年9月16日国际社会签署的《关于消耗臭氧层物质的蒙特利尔议定书》。要求所有缔约国都能在国家水平上，按照《蒙特利尔议定书》及其修正案的目标，采取具体行动，纪念这个特殊的日子。

● 环境污染

自然环境及其组成要素受到人类生产和生活活动所产生的有害物质、放射性物质、病原体、废热、噪声等影响，以致危害人体健康、影响生物的正常生命活动，这种现象称为环境污染。环境污染产生的主要原因是工业"三废"的任意排放，以及化学农药和化学肥料的不合理施用等。环境污染所造成的影响和危害是很大的，也成为当今人类面临的重大全球性问题之一。

● 环境保护

环境保护是指人类为解决现实的或潜在的环境问题，协调人类与环境的关系，保障经济社会的持续发展而采取的各种行动的总称。其方法和手段有工程技术的、行政管理的，也有法律的、经济的、宣传教育的等。环境保护包含至少三个层面的意思：第一，对自然环境的保护，防止自然环境的恶化；第二，对人类居住、生活环境的保护，使之更适合人类工作和劳动的需要；第三，对地球生物的保护，人类与生物和谐共处。

● 世界环境日

1972年6月5日，在瑞典首都斯德哥尔摩召开了《联合国人类环境会议》，会议通过了《人类环境宣言》，并提出将每年的6月5日定为"世界环境日"。同年10月，第二十七届联合国大会通过了该建议，规定每年的6月5日为"世界环境日"，让世界各国人民永远纪念它。联合国系统和各国政府要在每年的这一天开展各种活动，提醒全世界注意全球环境状况和人类活动对环境的危害，强调保护和改善人类环境的重要性。2010年，"世界环境日"的主题是"多个物种、一颗星球、一个未来"。

二十一世纪议程

《二十一世纪议程》是一份没有法律约束力，旨在鼓励发展的同时保护环境的全球可持续发展计划的行动蓝图，它于1992年6月14日在里约热内卢的"环发大会"上通过。《二十一世纪议程》行动领域包括保护大气层，阻止砍伐森林、水土流失和沙漠化，防止空气污染和水污染，预防渔业资源的枯竭，改进有毒废弃物的安全管理等方面内容。

地震

地震一般发生在地壳之中，是地球内部运动引起的地表震动的自然现象。地球上板块与板块之间相互挤压碰撞，造成板块边沿及板块内部产生错动和破裂，是引起地面震动（即地震）的主要原因。地震波发源的地方称为震源。地面上离震源最近的一点称为震中，它是接受振动最早的部位。震中到震源的深度叫震源深度。通常将震源深度小于60千米的叫浅源地震，60—300千米的叫中源地震，大于300千米的叫深源地震。同样大小的地震，震源越浅，破坏越大，但波及范围也越小，反之亦然。地震的类型一般分为：构造地震、火山地震、塌陷地震，其中构造地震发生的次数最多，破坏力也最大，约占全世界地震的90%以上，汶川地震就属于此类地震。

震级

地震震级是根据地震时释放的能量的大小而定的。一次地震释放的能量越多，地震级别就越大。小于里氏规模2.5的地震，人们一般不易感觉到，称为小震或者是微震；里氏规模2.5—5.0的地震，震中附近的人会有不同程度的感觉，称为有感地震，全世界每年大约发生十几万次；大于里氏规模5.0的地震，会造成建筑物不同程度的损坏，称为破坏性地震。里氏规模4.5以上的地震可以在全球范围内监测到。有记录以来，历史上最大的地震是发生在1960年5月22日19时11分南美洲的智利，根据美国地质调查所数据显示，里氏规模达到9.5。

● 地震带

地震带就是指地震集中分布的地带，它呈有规律的带状。在地震带内地震密集，在地震带外，地震分布零散。地震带常与一定的地震构造相联系。从世界范围看，地震活动带主要集中在地壳强烈活动的地带。世界上的地震主要集中分布在三大地震带上，即：环太平洋地震带、欧亚地震带和海岭地震带。

● 台风与飓风

台风或飓风是产生于热带洋面上的一种强烈热带气旋。只是随着发生地点和时间叫法不同。印度洋和在北太平洋西部、国际日期变更线以西，包括南中国海范围内发生的热带气旋称为"台风"；在大西洋或北太平洋东部的热带气旋则称"飓风"。台风经过时常伴随有大风和暴雨或特大暴雨等强对流天气。风向在北半球地区呈逆时针方向旋转（在南半球则为顺时针方向）。在气象图上，台风的等压线和等温线近似为一组同心圆。台风中心为低压中心，以气流的垂直运动为主，风平浪静，天气晴朗；台风眼附近为旋涡风雨区，风大雨大。

● 龙卷风

龙卷风是从强对流积雨云中伸向地面的小范围快速旋转的漏斗状云柱，直径约数米至数百米。它的上端与积雨云相接，下端有的悬在半空，有的直接延伸到地面或水面，一边旋转，一边向前移动，移动距离一般为数百米至数千米。龙卷中心附近风速一般为几十米至上百米每秒，个别情况达 150 米/秒以上。龙卷风出现时，往往有一个甚至几个像大象鼻子一样的漏斗状云柱从云底向下伸展，同时伴有狂风、暴雨、雷电或冰雹。龙卷风经过水面，能把水吸到空中形成水柱，俗称"龙吸水"。

● 沙尘暴

沙尘暴是指大量的尘土、沙粒被强劲的阵风或大风吹起，飞扬于空中而使空气混浊，水平能见度小于 1 千米的天气现象。它多发生于土壤干燥、土质疏松而无植被覆盖的地区，是土地沙漠化的一种表现。在中国，沙尘暴常见于北方地区的春季。它的形成，一般是由于冷空气南下时，大风扬起沙尘所致，有时龙卷风等也能形成沙尘暴天气。严重的沙尘暴可以导致沙漠的迁移，破坏良田，掩埋作物、中断交通，影响人民的生产和生活。植树种草、固沙固土等办法是阻止沙尘暴的有效措施。

● 雷电

雷电是伴有闪电和雷鸣的一种雄伟壮观而又令人生畏的放电现象，一般产生于对流发展旺盛的积雨云中，因此常伴有强烈的阵风和暴雨，有时还伴有冰雹和龙卷风。由于积雨云顶部常有冰晶，冰晶的淞附、水滴的破碎以及空气对流等过程，使云中产生电荷。云的上部以正电荷为主，下部以负电荷为主。因此，云的上、下部之间形成一个电位差。当电位差达到一定程度后，就会产生放电，这就是我们常见的闪电现象。雷电的种类可分直击雷、电磁脉冲、球形雷、云闪 4 种。其中直击雷和球形雷都会对人和建筑造成危害，而电磁脉冲主要影响电子设备，主要是受感应作用所致；云闪由于是在两块云之间或一块云的两边发生，所以对人类危害最小。

● 冰雹

冰雹也叫雹，俗称雹子，是强对流云中的一种固态降水物，为圆球形或圆锥形的冰块,直径一般为5—50毫米,最大的可达10厘米以上。雹的直径越大,破坏力就越大。冰雹常砸坏庄稼,威胁人畜安全,是一种严重的自然灾害。冰雹主要发生在中纬度大陆地区,通常山区多于平原,内陆多于沿海。中国的降雹多发生在春、夏、秋三季,4—7月约占发生总数的70%。比较严重的雹灾区有甘肃南部、陇东地区、阴山山脉、太行山区和川滇两省的西部地区。

● 雪崩

当山坡积雪内部的内聚力抗拒不了它所受到的重力拉引时,便向下滑动,引起大量雪体崩塌,人们把这种自然现象称为雪崩。也有的地方把它叫作"雪塌方""雪流沙"或"推山雪"。同时,它还能引起山体滑坡、山崩和泥石流等可怕的自然现象。因此,雪崩被人们列为积雪山区的一种严重自然灾害。中国天山西部、阿尔泰山、西藏东南部积雪深厚,是雪崩多发的地区。

● 海啸

海啸是由风暴或海底地震造成的海面恶浪并伴随巨响的现象,是一种具有强大破坏力的海浪。海啸通常由震源在海底下50千米以内、里氏地震规模6.5以上的海底地震引起。这种由地震引起的波动与海面上的海浪不同,一般海浪只在一定深度的水层波动,而地震所引起的水体波动是从海面到海底整个水层的起伏。目前,人类只能通过观察、预测来预防或减少海啸所造成的损失,还不能阻止它们的发生。

● 滑坡

滑坡是指斜坡上的土体或岩体受雨水的冲刷、地下水的浸润、地震或人工削坡的影响,在自身重量的作用下,沿着某一软弱面顺坡向下滑动的自然现象。俗称走山、垮山、地滑、土溜等。滑坡的活动强度,主要与滑坡的规模、滑移速度、滑移距离及其蓄积的位能和产生的功能有关。一般讲，滑坡体的位置越高、体积越大、移动速度越快、移动距离越远，则滑坡的活动强度也就越高，危害程度也就越大。引起滑坡的原因有自然因素也有人为因素。自然因素主要是地形、岩性、地质构造以及诱发因素强度等；人为因素主要包括开挖坡脚、不合理蓄水排水等人类活动。

● 崩塌

崩塌是指陡峭斜坡上的岩土体在重力作用下突然脱离母体崩落、滚动，最后堆积在坡脚或沟谷的地质现象。产生在土体中的称土崩，产生在岩体中的称岩崩。规模巨大、涉及山体的称山崩。引发崩塌的原因与滑坡类似，其中有自然因素，如大雨、暴雨和长时间连续降雨、地表水的冲刷等；也有人为因素，最多见的是坡脚开挖，造成陡峭面而发生崩塌灾害。崩塌的影响范围和规模比滑坡相对要小，但崩塌是急剧的、短促的、猛烈的，同样有很大的破坏性。

● 泥石流

泥石流是指在降水、溃坝或冰雪融化形成的地面流水作用下，在沟谷或山坡上产生的一种带大量泥沙、石块等固体物质的特殊洪流，俗称走蛟、出龙、蛟龙等。它的运动过程介于山崩、滑坡和洪水之间，是各种自然因素（地质、地貌、水文、气象等）、人为因素综合作用的结果。泥石流灾害的特点是规模大、危害严重；活动频繁、危及面广；重复成灾。

● 白灾

白灾又称"白毛风"，是草原被深度超过15cm的积雪覆盖，使放牧无法进行的一种灾害。如果积雪疏松，马、羊尚有可能扒开雪层吃到牧草；如果积雪由于乍暖后又降温，雪表面结成冰壳，则牧畜不仅吃不到草，而且易受冰壳刮伤。白灾是中国牧区常发生的一种畜牧气象灾害，是由冬季降雪过多、积雪过厚、雪层维持时间过长引起的。从头年的10月到第二年的4月，都是中国北部和西部牧区白灾的高发期。

● 干热风

　　干热风是农业气象灾害之一，亦称干旱风，习称火南风或火风，是一种出现在温暖季节，导致小麦乳熟期受害秕粒的一种干而热的风。干热风时，温度显著升高，湿度显著下降，并伴有一定风力，蒸腾加剧，根系吸水不及，往往导致小麦灌浆不足，秕粒严重甚至枯萎死亡。中国的华北、西北和黄淮地区春末夏初期间都有出现。干热风一般分为高温低湿和雨后热枯两种类型，均以高温危害为主。防御措施有：营造防护林带，搞好农田水利建设以便灌溉（浇灌、喷灌）及施用化学药剂等。

● 寒潮

　　寒潮指源于极地或副极地、侵袭中纬度和低纬度地区的强冷空气活动。高纬度地区的寒冷空气，在特定的天气形势下，迅速加强南下，往往造成沿途大范围的剧烈降温、大风和雨雪天气。由于这种大规模的冷空气来势凶猛，有如潮水一般，所以人们称它为寒潮或寒流。寒潮是一种大范围的天气过程，在全国各地都有可能发生，而且往往引起大风、雨雪、降温和霜冻等多种灾害，严重影响人们的生产和生活。

● 干旱和旱灾

　　从自然的角度来看，干旱和旱灾是两个不同的科学概念。干旱通常指淡水总量少，不足以满足人的生存和经济发展的气候现象。干旱一般是长期的现象，而旱灾却不同，它只是属于偶发性的自然灾害，甚至在通常水量丰富的地区也会因一时的气候异常而导致旱灾。干旱和旱灾从古至今都是人类面临的主要自然灾害。

● 洪涝

洪涝灾害是指因气象等原因使水位异常升高，冲破堤岸，淹没田地、房屋，淹死人畜并引发疾病等灾害现象。洪涝有洪水和涝害之分。洪水是指过量的降水造成河水冲垮堤坝，淹没耕地，冲毁房屋，或突发的山洪冲毁房屋耕地，冲走人畜等；涝害是指江河泛滥或大量降水造成大片土地积水的现象。涝害常由洪水引起，因此人们常把两者合在一起统称为洪涝灾害。洪涝发生在不同地区具有不同名称，发生在江河流域称为河流洪涝，发生在湖泊周围称为湖泊洪涝，发生在沿海地区称为暴潮洪涝。其中，河流洪涝对中国的影响最广，范围也最大。

● 凌汛

寒冷地带的河流在冬春季节因冰凌堵塞引起水位急剧上涨的现象称为凌汛。这一般是由于河流的上游处在较低纬度，而下游处在较高纬度的河流或河段，每当冬季河水开始封冻或春季河水开始解冻时，下游冰面封冻，而上游的水流携带冰块不断涌来，以至出现冰坝阻塞水流，造成河水猛涨的现象。在中国，凌汛主要发生在黄河的上游兰州至包头一段和下游兰考至河口一段。

● 倒春寒

倒春寒是指初春气温回升较快，而在春季后期气温较正常年份偏低，对农作物造成冷害的"前春暖，后春寒"的天气现象。初春时节，在气温回升过程中，由于受北方南下强冷空气的影响，气温骤然回落，天气大幅降温、骤冷。当出现日平均气温低于或等于12℃且连续3天或以上，或者日平均气温低于或等于14℃连续5天或以上的天气过程，就可以称为倒春寒。它常可引起农作物烂种、烂秧或者死苗，对农业生产危害极大。